함께 있으면
마음이 편안해지는
사람

함께 있으면
마음이 편안해지는
사람

사이토 시게타 지음 | 김슬 옮김

늘 "바쁘다, 바빠"를 입버릇처럼 말하며 분주하게 걷는 사람이 있습니다. "이것도 해야 하고, 저것도 해야 하고……"라며 아침부터 밤까지 무엇에 쫓기듯 언제나 여유 없이 바쁘게 움직입니다. 혹시 당신 주위에도 이런 사람이 있지 않나요?

"그래, 그래. 우리 부장님이 꼭 그런 스타일이야."

"내 친구 B가 그렇단 말이야."

누군가의 얼굴을 바로 떠올리는 분이 있을지도 모르겠네요. 그렇다면 언제나 '바쁘다, 바빠'라며 전력질주하고 있는 사람의 곁에 있으면 어떤 느낌이 드나요. '왠지 편안하지 않다', '보고 있으면 피곤해진다', '좀 답답하다'라고 느낄 것입니다.

바쁨을 지나치게 호소하는 누군가가 가까이에 있으면 나도 모르게 같은 기분이 들어서 나의 발걸음 역시 빨라져 버립니다. 분주하게 열심히 움직이고 있는 사람들 주위에는 항상 긴장이 감돕니다. 그 주변 사람들은 모두 숨 막힐 듯한 답답함을 느끼게 됩니다. 무엇인가에 열중하며 전력 질주한다는 행위는 많든 적든 간에 스트레스를 초래해 주위 사람들까지 피곤하게 만드는 요인이니까요.

그렇다면 정반대 성향의 사람은 어떨까요? 함께 있는 것만으로도 분위기를 편안하게 만드는 사람, 얼굴을 떠올리는 것만으로도 왠지 마음이 편안해지는 사람. 이런 사람이 당신 주위에도 한두 명 정도는 있으리라 생각합니다.

기분이 우울할 때나 마음이 어지러울 때일수록 이런 사람의 존재는 마음의 청량제가 되어 당신을 편안하게 해줄 것입니다. 지쳐 있을 때일수록 그 사람의 미소나 목소리가 생각나고 그렇지 않습니까?

만약 아주 가까이에 '함께 있으면 마음이 편안해지는 사람'이 있다면 그리고 당신 자신이 그런 사람이 된다면 다소의 스트레스는 능숙하게 없앨 수 있습니다.

현대를 살아가는 우리는 모두 바쁘고 저마다 몸에는 피로가 쌓여 있습니다. 그러니 더더욱 우리 모두에게 함께 있으면 마음이 편안해지는 사람이 필요하지요. 주위 사람들을 편안하게 해주는 그러한 분위기는 어디에서 나오는 것일까요? 저는 그 힌트가 삶을 살아가는 태도에 있다고 생각합니다.

사람이 100명이면 100가지의 모습이 있습니다. 걷는 모습만 봐도 옆으로는 눈길 한번 주지 않고 전속력으로 걷는 사람이 있는가 하면, 주위의 경치를 천천히 즐기면서 걷는 사람도 있습니다. 걷는 모습을 삶에 적용해봅시다. 시간을 활용하는 방법이나 삶에 임하는 태도라는 말로 바꿔 생각해보는 겁니다.

급격하게 변화하는 현대 사회에서는 어느 누구도 스트레스와 무관할 수 없습니다. 많은 사람이 '시대의 흐름에 뒤처지지 않도록 어떻게든 노력하지 않으면……'이라는 막연한 초조함을 느끼는 게 오늘의 현실입니다. 이러한 스트레스가 지나치게 쌓이면 그 여파로 여러 가지 마음의 병이 생깁니다. 열심히 살아가려는 태도는 분명 멋있지만 무리하게 서두르려고 하면 사람은 누구라도 극도로 피곤해지기 마련입니다.

스트레스에 짓눌리지 않고 인생을 즐기기 위해서는 의식적으로 자신만의 속도로 걷고, 때로는 곁길로 벗어나보는 시간도 필요합니다.

"힘들지만 주위에서 열심히 달리고 있으니 나도 열심히 달린다. 누군가에게 추월당할 것 같으면 필사적으로 간격을 벌려놓는다."

이것이 지금까지 우리가 품어온 일반적인 생각이었습니다. 하지만 저는 이 책을 통해서 지금과 같은 시대야말로 의식적으로 다른 사람들과는 다른 속도로 걸을 필요가 있다는 것을 이야기하고 싶습니다. 속도를 조금 줄이고 천천히, 천천히 땅을 힘차게 밟으며 걸어보는 것입니다.

여기서 다시 한번 '함께 있으면 마음이 편안해지는 사람'의 얼굴을 떠올려보십시오. 그들은 결코 주위의 걷는 속도에 동요하지 않고, '자신만의 속도'를 중요시하며 살아갑니다. 자신만의 속도로 걷는 사람은 바쁠 때는 빠른 걸음으로, 피곤할 때는 일부러 느린 걸음으로 조절할 줄 압니다. 숨을 돌리려고 설 때도 있습니다. 곁길로 가고 싶을 때는 다른 길로 성큼성큼 적극적으로 걸어보기도 합니다. 그때 뒤에서 누군가가 분주하게 다가와도 전혀 흔들리지 않습니다.

자신만의 속도로 충실하게 걸어가고 있기 때문에 다른 사람들과 보조를 맞추려고 필사적으로 걷지 않아도 됩니다. "먼저 가세요"라고 길을 내줄 수도 있습니다.

분주한 걸음을 멈추고 천천히 걸어보세요. 평소와는 다른 길을 걸어보세요. 그렇게 하면 지금까지는 보이지 않았던 세계가 보일 것입니다. 어쩌면 그것은 자연의 빛깔이나 소리일지도 모릅니다. 그것들을 느끼면 그냥 지나쳐 왔던 일들이 감동적으로 되살아나게 되고, 스트레스로 괴로워하던 마음이 해방될 것입니다.

'함께 있으면 마음이 편안해지는 사람'은 작은 발견을 즐기고, 하루하루 행복을 느끼며 살아갑니다. 마음이 풍요롭기 때문에 상대의 마음을 편안하게 해줄 수 있는 것입니다.

이 책을 계기로 자신만이 가지고 있는 소중한 것을 발견하여, 하루하루의 생활을 풍요롭게 즐길 수 있는 마음의 습관을 들인다면 저는 참으로 행복하겠습니다.

사이토 시게타

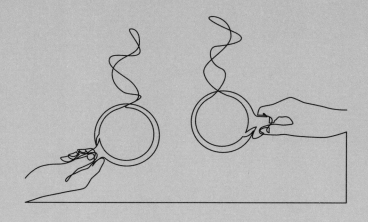

제1장

······················

태도가
사람의 마음을 연다

언제까지나
함께 하고 싶은 사람의 비결

함께 있으면 왠지 마음이 편안해지는 사람과 상대를 피곤하게 만드는 사람 중 당신은 어떤 타입의 사람이 되고 싶습니까?

만약 이런 질문을 던진다면 대부분은 '가능하다면 함께 있으면 마음이 편안해지는 사람이 되고 싶다'라고 대답하지 않을까요? 세상에 '피곤하게 하는 사람이 되고 싶다'고 바라는 사람은 거의 없을 테니까요. 그렇지만 함께 있는 상대를 피곤하게 하는 사람은 우리 주위에 적잖이 존재하고 있습니다. 다만 대부분의 사람들이 설마 자신이 '상대를 피곤하게 만드는 사람'이라고는 생각하지 못할 뿐이지요.

그리고 무엇인가를 열심히 하는 사람일수록 함께 있는 상대를 피곤하게 하는 경향이 있습니다. 물론 모두가 그런 것은 아닙니다. 사람을 피곤하게 하는가, 하지 않는가의 차이를 간단하게 말하자면, '무리해서 빠른 걸음으로 걷는가' 아니면 '자신만의 속도로 노력하는가'라고 할 수 있습니다. 다시 말하자면 노력하는 자세에 차이가 있는 것입니다. 무리해서 빠른 걸음으로 노력하는 쪽이 주위를 피곤하게 한다는 사실은 쉽게 와닿을 것입니다.

'다른 사람을 피곤하게 만드는 사람'과 '좀 더 함께 있고 싶어지는 사람'은 마치 동전의 양면과 같습니다. 노력하는 자세 혹은 무엇인가를 대하는 태도의 사소한 차이로 인해 상대에게 주는 인상도 정반대가 되어버립니다.

돌이켜보면 우리는 '힘내'라는 말을 아주 일상적으로 사용하고 있습니다.

"자, 오늘 하루도 힘을 냅시다."

"다녀오세요, 힘내세요."

예를 들자면 끝이 없습니다. 이 말은 자신에게도 타인에게도 듣기 좋은 말이기 때문에 아주 가볍게 자주 쓰게 됩니다.

우리가 일상에서 '힘내라', '힘내'를 얼마나 자주 쓰는지 세어보면 아마도 큰 숫자가 나올 것입니다. 어떤 일에든 통계를 이용하기 좋아하는 저한테는 흥미로운 부분이기도 하고요.

'힘내다'라는 말은 원래 어떤 의미를 갖고 있는 것일까요? 사전의 해석을 보면 '끝없이 인내하며 가지고 있는 힘을 최대한 발휘하여 노력하다' 혹은 '어떤 곤란에도 기죽지 않고 마지막까지 해내다'라고 되어 있습니다. 그리고 '자신의 뜻을 끝까지 관철시키다', '한 장소에서 절대로 움직이지 않다', '꾸준히 힘을 써서 일하다'라는 의미도 있습니다.

이렇게 보면 힘을 낸다는 것은 굉장히 엄격하고, 괴롭고, 고집스러운 행위처럼 느껴져서 비장함마저 감돌지요.

다시 한번 그 의미를 생각해보면, 금방 가족이나 친구에게 '힘내' 하고 응원을 보낸 사람이라도 '인내'와 '곤란' 등의 용어에 주춤하여, "너무 힘쓰지마"라든지 "적당히 힘 빼도 괜찮아"라는 말로 바꾸고 싶어졌을지도 모르겠습니다.

'힘내'라는 말은 언제부터인가 우리의 입에 붙어선 자기 혼자서 걷고 있는 듯한 느낌입니다.

물론 일상의 대화에서 쓰이는 '힘내다', '힘내라'는 말은 사전에 있는 것보다는 가벼운 의미이지만 이 말을 주고받는 대부분의 사람들은 원래부터 기본적으로 노력가입니다. 그것도 빠른 걸음으로 무리해서 노력하는 경향이 예전부터 있었습니다. 걷는 속도에 비유하자면 부산한 걸음 정도가 아니라 전력질주로, 쉰다거나 곁길로 샐 여유도 없이 필사적으로 한 시대를 뛰어가는 것입니다.

이렇게 말하고 있는 저도 아침부터 밤까지 무아지경에 빠져 쉬지 않고 일했습니다. 하지만 인체는 24시간 쉬지 않고 노력할 수 있는 구조로는 만들어져 있지 않습니다. 한계가 있는 것입니다.

그 한계에 도달했기 때문일 것입니다. 저는 마흔둘이라는 남자의 액년(厄年)에 과로로 쓰러져서 그때까지의 생활을 진지하게 돌아보고 점검해야 했습니다.

전력질주는 결코 오래가지 않습니다. 곧 숨을 헐떡이며 쓰러져버린다는 사실을 저는 경험을 통해 알았습니다.

그리고 지금은 세상 전체가 숨을 헐떡이고 있습니다. 이런 시대이기 때문에 의식적으로 '너무 힘쓰지마', '좀 더 주위를 돌아보며 천천히 걷자'라고 자신에게 말해보는 것입니다. 노력하는 자세에 대해서 다시 한번 생각해보는 것입니다.

걷는 속도를 바꾸고, 어깨에 힘을 빼면 지금까지 잘 보이지 않았던 여러 가지 삶의 힌트가 보이기 시작합니다. 이 변속을 능숙하게 행한다면 사람들에게 주는 인상도 달라질 것입니다. '다른 사람을 피곤하게 만드는 사람'에서 '언제까지나 함께 하고 싶은 사람', '곁에 있으면 마음이 편안해지는 사람'으로 변화할 수 있습니다.

성실한 사람일수록
주의할 점

혹독한 시대를 상징하는 듯한, 피곤에 지친 무표정한 얼굴의 사람들을 거리에서도 자주 볼 수 있습니다. 회사원도, 학생도 모두 피곤에 지쳐 있습니다. 일전에 주간지에서 다음과 같은 기사를 읽은 적이 있습니다. 사소한 일로 울컥화를 내는 사람들이 증가하고 있다……

한 예로 어떤 남자가 혼잡한 지하철에서 신문을 읽다가 실수로 젊은 여자의 머리를 쳤는데, 사과할 틈도 주지 않고 즉시 '지금 뭐하는 거예요!'라고 화를 냈다고 합니다. 또 한 아이의 엄마가 무릎 위에 아이를 앉히고 그 옆에 유모차를

놓았습니다. 통로에는 충분한 공간이 있었는데도 지나가
던 사람이 '지하철에 왜 유모차를 끌고 온 거야!' 하고 마치
싸움을 걸 듯이 소리쳤다고 합니다.

두 경우 모두가 필요 이상의 예민한 반응을 보인 것이
지요.

일상에서의 스트레스가 쌓이고 쌓인 결과, 예상치 않던
곳에서 밖으로 튀어나오게 된 것입니다. 마치 풍선이 '펑' 하
고 터지듯이 어느 한순간 갑자기 화를 내게 되는 것이지요.

이에 더하여 최근에는 우울증이나 가슴앓이로 고민하는
사람들이 급증하고 있습니다. 병원을 찾아오는 환자들 중
에도 그와 같은 고민을 안고 있는 분들이 많습니다.

'잠깐이라도 좋으니 좀 쉬게 해주십시오'라는 몸속으로
부터의 신호를 무시하고 전력질주한 결과, 몸이 거부반응
을 보여 건전한 심신을 유지할 수 없게 되어버린 것입니다.

세계보건기구 WHO에 의하면 우울증 환자는 매년 증
가하고 있다고 합니다. 통계에서도 알 수 있듯이 우울증은
이미 일반적인 병의 하나로, 당신 자신이나 당신 주위의 사
람이 우울증을 앓고 있다 하더라도 조금도 이상할 것이 없
게 되었습니다.

그런데 그 우울증에 걸리기 쉬운 사람들은 몇 가지 공통되는 성격을 가지고 있습니다. 열심히 노력한다, 지기를 싫어한다, 꼼꼼하다, 완벽주의다, 책임감이 강하다, 융통성이 없다, 실수를 잊지 못하고 고민한다 등입니다. 이런 성격을 가진 이들은 그야말로 노력에 노력을 다하는, 성실한 사람이라는 이름표를 붙이고 살아갑니다. 조금 다른 표현을 빌어 말하자면 '점착성(粘着性)'입니다. 이 점착 성격의 경향이 강할수록 벽에 부딪히기 쉽다고 생각하면 됩니다.

예를 들어, 회사에서는 완벽하게 일을 처리하는 모범적인 사원, 살림과 육아를 빈틈없이 해내는 부모, 만점짜리 시험지를 위해 공부하는 자녀, 모두가 매우 성실하고 좋은 사람들입니다. 아마도 지하철에서 울컥 화를 낸 사람들도 각자 자리에서는 성실한 노력가일지도 모릅니다.

하지만 완벽을 추구하여 전력질주하면 자신도 모르는 사이에 무리하게 되어 마음에 부담을 줍니다. 제아무리 완벽을 추구한다 하더라도 완벽한 결과란 없는 것입니다. 아무리 노력해도 자신의 요구가 만족되지 않으니 거꾸로 괴로워지는 것이지요.

모든 일을 착오 없이 해내겠다, 능력 있는 사람으로 평가받겠다, 상대에게 좋은 인상을 심어주고 싶다는 심리가 지나치게 작용하여 완벽주의에 빠지게 되는 경우도 있기 때문에 성실한 사람일수록 더욱 주의를 요합니다.

누구나
의욕을 상실할 때가 있다

점착 성격을 가진 사람들에게 '취미가 무엇입니까?'라고 물으면 서슴없이 '일입니다'라고 대답하는 경우가 많습니다. 취미가 없고, 친구가 적은 그런 스타일의 사람들은 주의할 대상입니다. 스트레스성 질병을 대표하는 우울증에 걸리기 쉽기 때문이지요.

　"요즘 모든 일이 귀찮기만 해."

　"늘 피로가 풀리질 않고, 누구하고도 만나고 싶지 않아."

　"늘 즐겨보던 TV 프로가 재미없어."

　이런 자각이 있다면 이미 위험 신호가 점멸하고 있다는

증거입니다.

우울증이란 글자 그대로 우울한 기분이 되어 기운이 없어져버리는 마음의 병입니다. 결단력 저하, 호기심 저하, 활력 저하 등의 증상이 일어나고 부정적인 감정에 사로잡혀 빠져나올 수 없게 되어버립니다.

다르게는 '아침습관 문란 증후군'이라고 하는데, 아침에 일어나는 것, 세수하는 것, 밥을 먹는 것, 신문을 보거나 TV를 보는 것조차 귀찮아지는 것이지요. 이렇게 아침의 생활습관이 무너지는 것을 시작으로 우울하다, 아무것도 하기 싫다, 아무것도 결정하지 못하겠다, 누구와도 만나고 싶지 않다. 쉽게 잠들지 못한다 등의 부정적인 상태로 이어집니다.

사람에 따라서는 불안감 때문에 초조해져서 공격적으로 변하는 사람도 있고 그것이 악화되면, "나는 왜 이 모양이지?"라며 자신을 책망하는 자기 비하의 경향을 강하게 나타내기도 합니다.

누구나 의욕을 상실하거나 기분이 우울해질 때가 있습니다. 만약 취미활동이나 수다 떨기로 기분이 좋아졌다면, 그다지 문제될 것이 없습니다. 일시적인 의욕상실에 불과

하니까요.

하지만 우울한 상태가 한동안 계속되고 몇 가지 증상이 한꺼번에 일어난다면 위험한 상태일 수도 있습니다.

'설마, 내가 우울증에 걸릴 리가 없지. 이렇게 매사에 열심인데!'

이런 자만심이 있다 하더라도 노력하는 사람일수록 그 위험성이 많이 숨어 있다는 사실을 알아야 합니다. 혹시 그 노력이 부담이 되는 걸 참으며 하루하루를 버티고 있지는 않은지 살펴봐야 합니다. 자신이 가지고 있는 심적 나약함을 있는 그대로 인정하는 것이 평온한 마음을 유지하기 위한 첫걸음입니다.

힘내라는 말보다
힘이 나는 말

조금 우울한 날, 가족이나 친한 사람들로부터 '힘내'라는 말을 듣는다면 당신은 어떤 생각이 듭니까? 이 한마디가 비타민처럼 작용하여 '그래, 힘내자'라고 적극적인 마음을 되찾게 되지 않습니까?

하지만 심한 우울증에 빠져 있을 때에는 전혀 다릅니다. 이 격려의 말도 그대로 받아들일 수 없게 됩니다. '힘내'라는 말은 때에 따라서 무서운 극약이 되기도 합니다. 그리고 극약은 부작용을 일으키지요.

"남 일이라고 쉽게 얘기하지 말아요."

"그럴 수가 없어서 지금 괴로워하고 있는 거잖아."

이렇게 뒤틀린 감정이 일어나서 격려를 받으면 오히려 '쓸데없는 참견 말고 그냥 내버려둬'라며 상대를 거부하고 싶어집니다.

우울증 증세가 심각할 때에는 '힘내'라는 말이 굉장히 부담스럽고 무거운 말이 되기 때문에, 그 말을 들으면 지나치게 예민해져서 화재 경보기와도 같은 반응을 보이는 것이지요.

그럴 때는 '여러 가지로 힘든 상태인가 보다. 그 마음을 이해해주자'라며 이야기를 들어주는 편이 훨씬 더 상대를 편안하게 해주는 방법입니다.

우울증 환자는 열심히 하고 싶어도 그럴 수 없는 마음의 갈등으로 고통받고 있기 때문에 격려를 받으면 더욱더 괴로워집니다.

'사람들이 기대하고 있는데 나는 지금 아무것도 할 수가 없어.'

'나는 뭘 해도 안 돼.'

이런 생각으로 한층 더 자기혐오에 빠져 결국 아무도 만나지 않고 세상과 스스로를 단절하는 결과를 얻을지도 모릅니다. 이때 중요한 것은 격려보다는 '공감'과 '이해'입니다. 무조건 상대의 이야기에 가만히 귀를 기울이고 마음을 열 수 있도록 인도해야 합니다. 따라서 우울증 환자에게 '힘내'라는 말을 해서는 안 된다는 것을 기억해두십시오. '기운 내', '너무 신경 쓰지마'라는 식의 격려의 말도 절대 금물입니다.

"그렇게 애써 노력할 필요 없어."

"좀 더 어깨의 힘을 빼봐."

"잠깐 눈 감고 쉬어봐, 내가 잡아줄게."

이렇게 말을 하면 조금 어이없이 들릴지도 모르겠지만 실은 상대방이 마음속 깊은 곳에서 원하는 답이 여기에 있습니다.

앞에서 말한 것처럼 '함께 있으면 마음이 편안해지는 사람들'의 공통점은 자신이 무리하지 않는 속도로 걷고 있다는 점입니다. 또한 다른 사람들과는 다른 속도로 인생을 걸어가는 즐거움을 알고 있다는 점입니다.

자신의 걷는 속도에 만족하고 있다면 다른 사람의 걷는 속도도 관대하게 받아들일 수 있게 됩니다. 쓸데없이 상대를 비난하거나 공격적으로 변하는 일도 없을 것입니다. 그렇기 때문에 함께 있으면 마음이 편해지는 것입니다.

　이런 사실을 알고 있는 사람은 풀이 죽어 있는 사람에게 "그러면 안 돼. 좀 더 열심히 노력해야지"라고는 절대 말하지 않습니다.

바쁘다는 것에
기뻐하고 있지는 않은가?

우리가 매일 아침부터 반복하는 습관들을 객관적으로 하나하나 바라보면 '나도 열심히 노력하고 있구나'라는 사실을 깨달을 수 있습니다.

눈을 떠서 물을 마시고, 샤워를 하고, 옷을 갈아입고, 아침을 먹고, 커피를 마시고, 짬짬이 TV나 신문을 보고······. 콩나물시루 같은 지하철 안에서 흔들리며 목적지에 도착하면 곁눈질할 틈도 없이 회사로 발걸음을 재촉합니다. 그러는 동안에도 스마트폰을 놓지 않고 메시지를 보내는 바쁜 생활.

또 다른 누군가는 이른 아침에 일어나 밥을 짓고, 세탁기를 돌리고, 24시간 내내 쉬지도 못하며 육아에 시달립니다. 혹은 일을 끝마치고 집에 돌아온 뒤 분 단위로 짜놓은 스케줄대로 움직이는 여성들도 있습니다.

전보에서 전화로, 팩스에서 컴퓨터와 스마트폰으로, 문명의 진화와 함께 생활의 속도가 가속화된 스피드 사회는 편리함을 가져다줬지만 동시에 스트레스 과다의 상황을 초래했습니다. 몸은 하나밖에 없는데 두 가지, 세 가지 일을 수행해야 하면 역시 무리가 따르게 마련이지요.

바쁜 생활 가운데 한숨을 돌리려고 무엇인가를 배우기 시작하면 이쪽에서도 역시 타고난 성격을 발휘하여 열심히 노력하게 됩니다.

'무엇이든 한번 시작한 일은 마지막까지 완벽하게 해낸다'라는 지나친 성실함 때문에 무리해서라도 빠지지 않고 참석하고, 이것이 다시 스트레스가 되는 악순환을 거듭하는 것입니다.

어떤 여성은 다이어트를 위해서 아침 수영을 시작했는데 지나치게 열심히 하는 바람에 얼핏 보기에도 건강과는 거리가 멀 정도로 말라버렸다고 합니다.

'오늘도 꼭 수영을 해야 한다.'

일종의 강박관념에 사로잡힌 결과 오히려 몸을 지나치게 혹사시킨 꼴이 되어버리고 만 것이지요.

취미도 스포츠도 즐기면서 하지 않으면 숨을 돌리기는 커녕 오히려 역효과를 가져옵니다.

여기서 잠깐 자신에게 질문을 던져보세요.

'도대체 나는 무엇에 쫓기고 있는 건가?'

'왜 이렇게 빠른 걸음으로 걷고 있지?'

자신도 모르는 사이에 스스로를 바쁜 사람으로 내몰고 있지는 않습니까?

'그거 해야 하는데'라는 생각이 꼬리에 꼬리를 물고, 머릿속이 온통 해야만 하는 스케줄로 가득 차 있지는 않습니까? 마음이 편안한 시간, 아무것도 하지 않고 보내는 시간, 그저 멍하니 흘러가는 대로 생각하는 시간, 가족이나 친구들과 여유 있게 대화할 수 있는 시간이 얼마나 되나요?

'저는 일과 휴식 둘 다 균형 잡힌 생활을 실천하고 있습니다'라며 당당하게 말하는 사람도 그 균형 잡힌 생활에 지나치게 집착하여 매일 무리하는, 의외의 함정에 빠져버릴지도 모릅니다.

잠깐 걸음을 멈추고 지금까지의 생활 습관을 되돌아보는 게 어떨까요? 함께 있으면 마음이 편안해지는 사람은 결코 '바쁘지 않은 사람'이 아닙니다. 실은 '바쁘다, 바빠'라고 말하며 여기저기 뛰어다니는 사람들과 같은 양의 일 혹은 그 이상에 버금가는 용무를 해내고 있는 사람도 많습니다. 그런데 '다른 사람을 피곤하게 만드는 사람'과 다른 점은, 상황에 따라서 걷는 속도를 바꿀 줄 안다는 점입니다. 다시 말하자면 '숨 돌리기에 능숙한 사람'이라고 할 수 있습니다.

일상의 작은 즐거움들은 걷는 속도를 조금 줄이거나 걸음을 멈췄을 때 발견할 수 있습니다. 그리고 좀 더 함께 있고 싶어지는 사람은 아무리 바쁜 상황에서도 능숙하게 숨을 돌리며 '즐기는 방법'을 알고 있는 사람입니다.

손에 쥐고 있던 것을
한번쯤 놓아보자

길을 걷고 있는데 "잠깐만!", "죄송합니다"라는 말소리나 별안간 웃음소리가 들려와서 뒤돌아봤더니 통화 중인 사람이었던 이런 경험은 일상에서 흔합니다. 이처럼 마음만 먹으면 언제든 대화를 할 수 있는 시대입니다.

게다가 스마트폰으로는 통화뿐만 아니라 무엇이든 할 수 있지요. 일정을 정리하고, 게임을 하고, 영상을 볼 수도 있습니다. 그런데 꼭 필요해서라기보다는 습관적으로 스마트폰을 들여다보는 경우가 점점 더 많아지는 것 같습니다.

현대인을 더욱더 바쁘게 만드는 원인 중의 하나가 지금은 초등학생들조차 가지고 있는 이 스마트폰이 아닐까 싶습니다. 이미 우리 몸의 일부가 되어버린 듯 어딘가에 놓고 오기라도 하면 한바탕 소란이 벌어집니다. 집에 도착한 후에야 회사에 휴대전화를 놓고 온 사실을 알게 된 어떤 사람은 편도 한 시간이나 걸리는 회사까지 다시 갔다는 이야기를 들은 적도 있으니까요.

물론 스마트폰이 있으면 생활이 매우 편리해지고 언제, 어디서나, 누구에게라도 부지런히 연락을 취할 수 있습니다. 요즘에는 고령자에게까지 보급되어 자식이나, 손자 혹은 친구들과의 대화 수단으로 용이하게 활용될 정도니까요.

특히 메시지의 경우에는 시간이나 상대의 상황을 생각하지 않고도 송신할 수 있다는 장점이 있습니다.

'건강히 잘 지내고 계신가요?'

'건강하세요.'

이런 간단한 메시지로도 마음을 전할 수 있습니다.

하지만 한편으로는 '휴대전화를 켜놓으면 언제나 감시당하는 기분이 들어서 편치가 않아'라고 말하는 사람들도 있습니다. 어쨌든 일에 쫓기는 세대일수록 언제 울릴지 모르는 연락을 귀찮게 생각하고 있는 것만은 분명합니다.

그렇다면 휴식시간 동안에는 과감하게 휴대전화를 꺼놓는 것도 좋겠지요.

평일에는 스마트폰을 손에 꼭 쥐고 바쁘게 걸음을 옮긴다 하더라도 휴일에는 휴대전화를 끄고 자유롭고 편안한 시간을 의식적으로 연출해보는 것입니다. 이런 식으로 전원을 바꿔가며 속도를 조절한다면 바쁜 일상에서의 스트레스를 조금씩 자연스럽게 줄일 수 있을 것입니다.

스마트폰은 손에서 놓기가 어려운 만큼 놓아보는 연습을 하기 쉽기도 합니다. 성공한다면 효과가 가장 좋기도 합니다. 평소에 늘 손에 지니고 있던 것을 휴일만이라도 과감하게 놓아봅시다. 이것이 왠지 모르게 바빴던 시간을 편안한 시간으로 바꿀 수 있는 하나의 계기가 될 것입니다.

마음의 병이
몸의 병으로 나타날 때

"요즘은 어쩐지 식욕도 없고 배도 자주 아프다."

"두통이 심해서 하루 종일 머리가 무거운 느낌인걸."

　이렇게 이유 없이 컨디션이 좋지 않은 날이 있곤 하지요. 잠깐이라면 괜찮지만 며칠 동안, 한 달 동안 이어진다면 작은 일을 할 의욕조차 사라집니다. 많은 사람들이 자주 경험하는 신체이상의 원인을 조사해보았더니 심각한 마음의 문제가 숨어 있는 경우가 다반사였습니다.

　마음의 구조 신호는 반드시 마음에서만 보내는 것이 아닙니다. 몸의 균형이 깨지거나 통증이 나타나는 등 전혀 예상치 못했던 형태로 고개를 내밀기도 합니다.

'가면 우울증'이라는 병명을 들어본 적이 있나요? 이것은 신체이상 증상이 강하게 드러나는 우울증으로 소화불량이나 두통을 비롯하여 요통, 피로감, 성욕 감퇴, 생리 불순, 현기증, 이명 등의 증상으로 나타납니다. 우리가 몸에 통증을 느끼면 보통은 먼저 내과 등으로 가서 진단을 받아봅니다. 그렇기 때문에 마음의 문제는 발견이 늦어지기 십상입니다.

신체에만 정신을 팔면 아무리 시간이 지나도 원인을 밝혀내지 못하고, 병원을 전전하는 동안 증상이 악화되는 경우가 있기 때문에 주의해야만 합니다.

환자들에게 '가면 우울증'이라는 병명을 통보하면 몸이 좋지 않았던 원인을 알게 되어 그 홀가분함에 우선 마음을 놓는 사람들이 있는가 하면, '설마 내가?'라며 놀라움을 금치 못하는 사람들도 많습니다. 머리로는 어느 정도 이해하고 있지만 지금의 몸 상태와 마음의 병이 좀처럼 연결되지 않기 때문이지요.

당사자가 그럴 정도이니 주위에서는 거의 눈치채지 못한다는 것이 이 병의 특징입니다. 언뜻 보기에는 평소와 다름없이 행동하기 때문에 건강한 사람으로 보는 것이지요.

그렇지만 자세히 살펴보면 그렇지 않습니다. 그 사람은 억지로 자신을 채찍질하여 건강하게 보이려고 애쓰고 있기 때문에 자신도 모르는 사이에 날카롭고 예민한 공기를 주위에 발산합니다. 자연히 다른 사람을 피곤하게 만드는 부정적 느낌을 주기도 합니다.

우리는 모두 어떤 고민이나 불안감을 가면으로 덮어 숨긴 채 생활하고 있습니다. 만약 가면 속의 고민이나 불안감이 지나치게 팽창하면 어느 순간 폭발하여 당신의 몸에도 예상치 못했던 증상이 일어날지 모릅니다.

우울증은 '마음의 감기'라고도 불리는데, 무리하면 마음도 재채기를 하고 열도 나게 됩니다. 그런 사태를 피하기 위해 기본이 되어야 할 것은, 평소 능숙하게 숨을 돌리는 등의 방법을 익혀서 마음의 병을 축적하지 않는 것입니다.

남을
탓하는 습관

전력질주하는 노력가가 있다면, 한편으로는 자주 남 탓을 하는 사람이 있습니다. 우리 주위에서도 무슨 일이든 타인의 탓으로 돌리는 성향의 사람들이 자주 보입니다. 사회 전반에도 그런 성향이 만연해 있는 듯 보입니다. 어떤 문제가 일어나면 정부가 잘못했다, 회사 방침이 틀려먹었다, 사장이 무능하다, 학교 탓이다, 자라난 환경이 좋지 않다 등 항상 다른 문제를 탓하지요.

불만을 품고 있기보다는 말로써 발산하는 편이 좋은 것은 확실한 사실입니다만, 남을 탓하는 것이 습관처럼 되어 있으면 불평불만은 점점 더 깊어질 뿐입니다.

'회사를 위해서 노력하고 있는데…… 월급이 오르질 않는다.'

'가족을 위해서 노력하고 있는데…… 전혀 인정받지 못하고 있다.'

이는 성실한 태도로 끊임없이 노력하는 성향과 남 탓하는 성향이 합쳐지면 나타나는 가장 전형적인 사고방식입니다.

관점을 달리해서 보면 문제로부터 가장 빨리 도망갈 수 있는 방법 중 하나입니다. 하지만 언제까지고 도망만 다닌다고 해서 해결되는 것은 아니지요.

'누구 때문에', '무엇 때문에'라는 생각이 머릿속에 들러붙어서 더욱더 부정적인 감정을 갖게 할 뿐, 불만은 조금도 해소되지 않습니다. 그리고 불평불만을 늘어놓는다고 해서 자신이 바라는 대로 회사나 가족이 갑자기 변하는 것도 아닙니다.

따라서 제가 제안하고 싶은 것은 자신의 사고방식을 바꿔보자는 것입니다. '누구 때문에'를 '내 책임이야'라는 식으로 180도 바꾸면 한순간에 세계가 달라질 것입니다. 물론 모든 일을 자신의 책임이라고 말하라는 것이 아닙니다. '자신의 일은 자신의 일'이라는 발상이 전제되어야 합니다.

지금의 회사, 지금의 일, 지금의 동료, 이 모두를 선택한 것은 바로 자신입니다. 그렇기 때문에 불만이나 문제가 생겨났을 때는 '그렇다면 내가 어떻게 변해야 문제가 해결될까?'라고 정면에서 그것을 바라보아야 해결의 실마리가 보이는 것입니다.

노력도 누군가에게 지시를 받아서 하기보다는 스스로가 책임감을 갖고 임하는 편이 훨씬 덜 피곤하고 충실감도 큽니다. 다른 사람을 따라서 빠른 걸음으로 걸으면 숨이 차고 피곤하지만 자신의 의지대로 걸으면 훨씬 덜 피곤합니다. 사고방식을 바꾸기만 해도 이렇게 커다란 변화가 찾아옵니다.

최선의 노력을 기울여도 보답받지 못하는 이유를 무조건 남 탓으로 돌리려는 사고방식을 갖고 있다면, 아무리 노력해도 도로아미타불이 되어버리는 결과를 맞을 것입니다.

"잘했어"라고
내가 나를 칭찬하는 기쁨

"스스로를 칭찬해주고 싶다."

　육상선수인 아리모리 유코가 이렇게 말한 것은 애틀랜타 올림픽에서 동메달을 획득했을 때였습니다. 이 말을 듣고, '경기를 끝낸 직후인데도 저렇게 센스 있는 말을 하다니, 대단하다'라며 감탄한 사람들이 많았습니다.

　물론 아리모리가 이 말을 사전에 준비하고 있었던 것은 아닙니다. 이것이야말로 경기를 끝낸 뒤 처음으로 솟아오른 솔직한 감정, 즉 본심 중 본심이지요.

　부상, 부담감과 싸우면서 연습에 연습을 거듭한 끝에 올림픽이라는 커다란 무대를 끝까지 완주했다는 만족감, 충족감이 이 한마디에 잘 나타나 있습니다.

이처럼 세상의 평가에 연연하지 않고 자신에게 '잘했다'라고 당당하게 칭찬의 말을 건넬 수 있는 사람은 행복할 것이라고 믿습니다.

누구나 주위의 평가에 신경을 씁니다. 올림픽에서는 메달의 색깔이, 학생에게는 성적표가 주위의 평가 기준이 되지요. 하지만 그것에 너무 신경을 쓰다 보면 모든 일을 평가에 기준을 놓고 행동하게 됩니다.

특히 '부모님이나 선생님에게 인정받고 싶다', '어른들의 기대에 부응해야 한다'라는 생각으로 공부를 하며 어린 시절을 보낸 우등생들에게 이런 경향이 강하게 나타납니다. 좋은 학교에서 좋은 성적으로 좋은 평가를 받으며 자란 아이들은 어른이 되어서도 다른 사람들의 평가, 다른 사람들의 시선으로부터 벗어나지 못합니다.

하지만 주위의 평가란 자신이 원하는 방향과는 다른 쪽으로 행해지는 경우도 적지 않습니다. 그 때문에 객관적인 평가를 받아도 늘 만족스럽지 못하지요.

예를 들어서 부모님이 원하는 학교에 입학한 후 부모님

이 원하는 회사에 들어가고, 부모님이 원하는 상대와 결혼했다고 합시다. 부모님이 깔아준 레일을 따라서 걷는 인생은 주위에서 보자면 100점 만점. 더 이상 말할 것이 없습니다. 그렇지만 '내가 걸어온 인생의 길은 누군가에 의해서 결정된 것', 이 말이 마음 한구석에 있다면 그것은 표면상의 100점에 지나지 않는 것입니다. 스스로의 평가에서는 그리 높은 점수를 얻지 못할 것입니다. 주위의 '잘했다'가 자신의 목소리와 반드시 일치한다고는 할 수 없으니까요.

한편 스스로가 자신에게 '잘했다'라고 칭찬할 수 있다는 것은 내면이 만족감으로 충만하다는 증거입니다. 자신이 선택한 인생의 길을 정확하게 평가하고 그 가치를 높이 사고 있다는 것이지요.

주위의 평가에서 100점을 받았을 때보다 스스로 만족할 때가 훨씬 행복하다고 할 수 있지 않을까요?

최근에 '나 자신을 칭찬하고 싶다'라는 마음을 가져본 적이 있습니까? 그런 마음을 가져본 적이 없다고 한다면 당신은 주위의 평가를 지나치게 의식하고 있는지도 모릅니다. 다른 사람들이 걷는 속도에만 신경을 쓰고 있어서 자신의 속도를 잃어버린 것일지도 모릅니다. 무리한 속도로 걷고 있는 동안 심신은 병들어가고 불만은 쌓여가고 있을 가능성도 높습니다.

우선은 자신의 의지에 따라 움직이는 버릇을 들입시다. '이것은 정말 내가 하고 싶어서 하는 일인가?'라고 솔직하게 질문을 던져가면서 무슨 일이든 스스로 책임감을 느껴가며 행해보는 것입니다. 스스로 선택하고 노력한 일에 대해서는 그 결과가 60점이라 하더라도, 또 설사 50점이라 하더라도 만족과 충족을 느낄 수 있게 되는 것입니다.

마음이 만족으로 가득한 당신과 접한 사람들은 몸에서 배어 나오는 온화함을 느끼게 될 것입니다. 아주 사소한 일에라도 '잘했다'라고 스스로를 칭찬해봅시다.

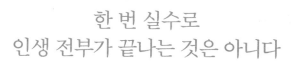

한 번 실수로
인생 전부가 끝나는 것은 아니다

호사다마(好事多魔), 좋은 일이 일어난 때일수록 탈이 나서 실수를 하거나 방해를 받기 쉽다는 뜻의 격언입니다. 회사의 앞날이 걸려 있는 큰 프로젝트의 성공으로 호화로운 신사옥을 짓거나 사업을 더 확장한 결과, 경영상태가 악화되어 실패로 이어지는 일이 있습니다. 또 건강할 때 나는 어떤 일을 해도 끄떡없다'라며 지나치게 무리를 해서 몸을 망치는 일도 흔하지요. 상태가 좋은 때일수록 의외의 일이 일어나는 법입니다.

'성공'과 '우울' 사이에는 밀접한 관계가 있습니다. 우울중은 성공병이라는 별명을 가지고 있을 정도입니다. 예를 들어, 회사원에게 성공이라고 한다면 출세나 승진을 의미하는데, 막상 승진한 뒤에 마음의 병을 앓게 되는 경우가 있습니다.

경사스럽게도 한 기업의 부장으로 발탁된 A씨. 주위에서 보기에는 순풍에 돛을 단 듯한 형국이었습니다. 누가 보더라도 겉으로는 우울증의 티끌조차 전혀 발견할 수 없었겠지만 그에게는 책임감이 중압감으로 작용해서 출근조차 할 수 없게 되었다고 합니다.

물론 승진했다는 사실 자체는 커다란 기쁨이겠지만, 한편으로는 '내가 해낼 수 있을까?', '부하들은 잘 따라줄 것인가?', '실수하면 웃음거리가 되겠지?'와 같은 불안요소가 꼬리에 꼬리를 물었을 겁니다.

지금까지 열심히 노력해 드디어 손에 넣은 성공. 하지만 이 '드디어'라는 생각이 강할수록 상실감이 커집니다. 그리고 한편으로는 '이 성공을 놓쳐서는 안 된다'라는, 무의식중에 작용하는 초조함이 실수를 하게 만들고, 사람을 극도로 예민하게 만들어서 결국에는 자신이 그린 최악의 시나리

오에 다가서게 합니다.

그 외에도 여러 가지 성공과 좌절이 있습니다.

'드디어 그리고 그리던 내 집을 장만했다.'

'복권에 당첨되어 큰돈이 수중에 들어왔다.'

'동경하던 사람과 결혼에 골인했다.'

그 기쁨이 크면 클수록 한편으로는 불안감도 커집니다.

복권에 당첨되어 큰돈이 수중에 들어오면 이번에는 '잃으면 어떡하지? 혹시 도둑이라도 들면'이라는 새로운 불안감이 생겨납니다. 동경해오던 사람과의 결혼이 결정되면 '이 행복감이 과연 영원히 계속될 것인가?'라는 걱정을 하게 됩니다.

아직 일어나지도 않은 불길한 일이나 실패를 지나치게 의식하면 무의식중에 자신의 행동에 제동을 걸게 됩니다. 그 결과 어렵게 손에 넣은 성공을 놓치고 마는 경우도 있습니다. 또 실패를 이미지화하면 뇌가 그 사고를 학습하게 되어 그것이 현실화되기 쉬워집니다.

아마도 무슨 일을 저지를 것 같다는 불길한 생각이 머리를 스치는 순간, 물건을 떨어뜨리거나 잃어버린 경험은 누구에게나 있을 것입니다.

따라서 성공에 집착한 나머지 그 반대의 경우를 자꾸만 연상하다 보면 오히려 실패를 부르는 결과를 낳기 쉽습니다.

'혹시 실패하더라도 인생 자체를 실패하는 건 아니야.'

이런 정도의 가벼운 마음으로 성공을 받아들이는 편이 그 후의 일을 편하게 대처할 수 있는 수단이 될 것입니다.

성공을 손에 넣었다고 너무 자신만만해하는 것도, 지나치게 신중해지는 것도 좋지 않습니다. '나는 정말 대단해. 세상에 두려울 것이 하나도 없어'라고 생각해도, '난 틀려먹었어. 실패할지도 몰라'라고 생각해도 넘어지기 쉽다는 것입니다.

일이 잘 풀릴 때일수록 객관적인 시선을 갖고, 발밑이 흔들리지 않도록 균형을 잡고 걷는 속도를 조절해야 합니다.

실패에
대처하는 자세

만약 자신의 실패에 대해서 지나친 반응을 보이는 사람이 주위에 있다면 당신은 어떤 기분이 드십니까? 실패에 대한 지나친 반응도 사람에 따라서 다른데, 불평불만을 늘어놓는 사람이 있는가 하면, 아주 공격적으로 변하는 사람도 있습니다. 우울해져서 입을 다물어버리는 사람도 있고요.

예를 들어 어떤 일에서든 최고이고 싶은, 노력가형인 B씨의 경우는 이렇습니다.

B씨는 다니던 회사에서 정리해고를 당했고, 다른 일자리는 아직 구하지 못했고, 거기에 사생활에서도 좋지 않은

일들이 겹쳐 싸움에 휘말리기도 했습니다. B씨에게는 실패가 계속되는 이 상황보다 더 괴로울 것도 없습니다.

B씨는 이와 같은 상황에 대해 종일 넋두리를 늘어놓고, 초조한 감정을 드러냈기 때문에 주변 사람들까지 피곤해졌습니다.

"이렇게 열심히 살고 있는데 어째서……."

"왜 나만……."

"끊임없이 노력했건만 이럴 수가……."

처음에는 B씨의 이런 넋두리에 귀를 기울이던 사람들도 얼마 지나지 않아 고개를 끄덕이는 것조차 귀찮다고 여길 것입니다.

만약 B씨가 아주 기분이 좋지 않은 날 그와 함께 차를 마시거나 식사를 한다면 어떻게 될까요? 젓가락을 올렸다 내렸다 하는 등의 아주 사소한 행동에도 B씨의 마음 상태가 드러나, 보고 있는 사람을 더욱더 피곤하게 만들 것입니다.

만약 신경이 극도로 날카로워진 B씨가, "어째서 나만……, 당신은 어떻게 그렇게 느긋할 수 있는 거지?"라는 등, 상대를 공격하기 시작한다면 사람들이 B씨를 멀리하기 시작할 것입니다.

B씨는 어째서 자신의 실패를 마치 인생의 실패인 양 낙담하면서 괴로워하거나, 타인에게 공격적인 태도를 보이는 것일까요?

그것은 실패를 그저 단순히 실패로만 보고 다른 각도로는 보려 하지 않기 때문입니다. 그리고 한 번의 실패에 과민반응을 보인다는 것은 완벽을 추구하려는 성향이 강하고, 다른 사람을 지나치게 의식하고 있다는 증거이기도 합니다. 이리저리 마음의 중심이 흔들리는 상태에서 혼자 충분히 생각할 시간을 갖지 않고 타인에게 하소연만 하고 있는 것이지요.

다시금 마음을 다잡고 '나는 나야. 서두르지 말고 나만의 속도로 걷자'라고 생각한다면 상황은 변할 것입니다. 틀림없이 실패도 잘 받아들여 마음 깊이 상처받거나 상대를 공격하는 일 따위는 없을 겁니다.

함께 있으면 마음이 편안해지는 사람은 자신만의 중심으로 성공과 실패를 받아들입니다.

속도를 조금 늦추면
무료한 일상이 달라진다

사람들은 곧잘 '인생은 여행'이라고 빗대어 말하곤 합니다. 이 말을 곱씹어보면 제대로 된 비유라는 생각이 듭니다. 여행을 즐기는 데 능숙한 사람일수록 인생을 즐기는 데에 능숙합니다. 기차로 장거리 여행을 한다고 합시다. 오랜 시간 달리면 창밖 풍경의 변화도 단조로워집니다. 이럴 때 '아이, 지루해라. 비슷한 풍경만 계속되고⋯⋯'라고 생각하는 사람이 있는 반면, '순간순간 조금씩 변하는 풍경을 즐겨볼까'라고 생각하는 사람도 있습니다.

실제로 창밖 건너편의 길 가는 사람들을 바라보며, '저 사람은 과연 어떤 집에서 살고 있고, 어떤 생활을 하고 있을까?'라고 상상해보는 것만으로도 충분히 즐거운 시간을 가질 수 있는데 말입니다.

이처럼 몇 시간 동안의 기차여행이라도 사물을 보는 관점이나 사고방식으로도 즐거워지고 재미있어질 수 있습니다. 여행을 지루하게 만드는 것도, 재미있게 만드는 것도 모두 자신에게 달렸습니다.

인생도 마찬가지입니다. 하루하루의 생활은 당신의 사고방식에 따라서 지루하기도 하고 즐겁기도 한 것입니다.

'이렇게 단조롭고 지루한 날이 앞으로도 계속되는 걸까?'

'하루하루가 너무 바빠서 힘들다.'

이렇게 생각하면 당연히 무엇을 해도 즐겁지가 않습니다. 이런 상태에서라면 사람들을 만나도 불평불만만 늘어놓게 되어 함께 있는 사람은 마음이 놓이기는커녕 오히려 상대의 기분까지 우울하게 만들어버릴 것입니다.

그렇다면 어떻게 해야 재미있어지는 걸까요? 그 대답은 너무나도 간단합니다. 단조로워 보이는 일상 속에서도 멋진 발견이 가능하다고 생각하며 재미를 찾으면 됩니다.

눈에 익은 출퇴근 풍경, 항상 걷는 거리의 풍경에서도

매일 수많은 작은 변화가 일어나고 있잖습니까. 단, 작은 변화를 발견하려면 마음에도, 시간에도 여유가 필요합니다. 걷는 속도를 조금 늦추고 주위의 풍경을 관찰해보는 것입니다. 틀림없이 무엇인가를 발견할 수 있을 것입니다.

바쁜 일상의 흐름에 떠내려갈 것 같은 때일수록 우선은 속도를 조금 늦춰봅시다. 여유를 갖고 시간을 활용해봅시다. 그러려면 용기가 필요하겠지만, 도전하지 않으면 아무것도 변하지 않습니다.

천천히 인생을 즐길 줄 알게 되면 눈앞의 길이 조금씩 열린다는 사실을 깨달을 수 있을 겁니다. 이제 무리해서 빠른 걸음으로 너무 많이 걸어 힘들어하는 일은 없겠지요.

제2장
·····················

마음을 편하게 해주는
사람들이 지닌
공통적인 매력

자신만의 리듬으로
살아가자

누구나 함께 있으면 마음이 편안해지는 사람이 되고 싶지
만 실제로는 좀처럼 뜻대로 되지 않는 것은 어째서일까요?
그렇게 되고 싶다고 강하게 바라는 사람일수록 다른 사람
을 지나치게 의식해서 자신도 모르는 사이에 자신의 속도
를 잃어버리기 때문입니다. 그런 사람들에게는 다른 일은
모두 잊고 한숨을 돌리라고 권하고 싶군요.

"잠깐 한숨 돌리러 가지 않을래?"

육아로 바쁜 엄마나 아빠라도 때때로 이렇게 연락을 주
고받으며 만남의 기회를 만들어봅시다. 아이들은 어른의

입장 같은 것은 전혀 배려하지 않고 행동하기 때문에 엄마와 아빠는 어쩔 수 없이 아이들 중심의 생활을 하게 됩니다. 자신만을 위한 시간을 만들기가 정말로 어렵지요. 육아를 경험한 분들은 잘 알고 있을 것입니다.

만약 잠시도 쉬지 않고 24시간 내내 육아에만 매달린다면 심신에 피로가 축적되어 그것이 한순간 폭발할 위험이 있습니다. 최악의 경우에는 우울증이나 노이로제에 걸릴지도 모릅니다.

따라서 휴식이 필요한 것입니다. 육아도 양육자의 사고방식에 따라 즐거워지기도 하고 고통스럽게도 되는 것이니까요. 그렇다면 즐기면서 할 수 있는 방법을 익히는 것이 상책이겠죠.

'큰 소리로 노래 부르기'나 '수다'는 손쉽고도 효과적인 기분 전환법 중 하나입니다. 한시도 아이에게서 눈을 뗄 수 없는 시기라 하더라도 주위의 협력만 얻어낸다면 잠시 동안의 여유 시간은 만들 수 있습니다. 그 얼마간의 시간을 유용하게 활용한다면 단조로운 일상에 활력과 여유가 생겨납니다.

그런 방향으로 사고방식을 바꿀 수 있는 사람의 마음속

에는 보다 좋은 방향으로의 변화가 일어날 것입니다.

아이를 키우는 사람뿐만 아니라 누구에게라도 숨 돌리기는 필요합니다.

회사 동료라면 퇴근 후에 맛있는 저녁을 먹고, 카페에서 차를 마시는 등의 숨 돌리기가, 건강에 신경을 쓰고 있는 사람이라면 스포츠 센터에서 땀을 흘리는 것이 좋은 숨 돌리기 방법이 될 것입니다.

이런 것들을 '스트레스를 해소한다'라고 표현하는데, 숨을 돌리는 것은 스트레스를 해소하는 것이 주목적은 아닙니다. 그보다 가볍게 행하는 것이지요. 해소라고 하면 스트레스를 완전히 없앤다는 인상을 주는데 사람이 스트레스가 전혀 없는 상태에 있을 수 있는 시간은 어머니의 뱃속에 있을 때 정도입니다. 살면서 스트레스를 제로로 만드는 일이 가능할까요? 사람은 일생을 통해서 끊임없이 수많은 자극을 받는 운명에 처해 있습니다.

적당한 자극은 있는 편이 오히려 좋습니다. 스트레스 학설의 창시자인 한스 세리에 박사는, "적당한 스트레스가 없으면 인간은 멸망한다. 어떤 사람으로부터 스트레스를 완전히 제거하면 그 사람은 무능해진다"라는 명언을 남겼습니다.

우리는 매일 수많은 자극을 받으며 생활하고 있습니다. 인간관계 속에서 생겨나는 갈등, 평온한 생활을 위협하는 소음, 불쾌지수를 높이는 더위·추위 등 그 예를 들자면 끝이 없지요.

"이제 더 이상 저 사람 얼굴은 꼴보기도 싫다."

"그와 이야기를 나누면 언제나 화가 치민다."

이처럼 만약 직장이나 모임에서 인간관계에 문제가 생긴다면 함께 있는 동안은 강한 불만을 품게 됩니다.

또 근처 건설 현장에서 소음이 들려와 '아, 시끄러워라. 어떻게 좀 해봐'라며 매일매일을 신경질적으로 보낸다면 몸에서 스트레스 반응만 일어날 뿐입니다.

만약 대부분의 스트레스가 없어진다면 어떻게 될까요? 상상해보세요. 아무것도 하지 않고, 누구와도 만나지 않으며, 모든 것이 완벽하게 갖추어져 있어서 불쾌지수도 없고, 먹고 자고 하는 한가로운 생활, 아무런 노력이 필요 없는 시간을요. 피로가 쌓였을 때는 가끔 이런 생활을 하는 것도 좋겠지만 1년 365일 동안 계속된다면 즐거움도 재미도 없는 무미건조한 인생이 되고 말 것입니다.

사람은 사회와의 관계 속에서, 다른 사람과의 소통 속에서 비로소 희로애락을 느낄 수 있습니다. 이러한 적당한 자극 덕분에 사람다운 생활을 영위하는 것입니다. 즉, 적당한 자극은 살아가는 데 없어서는 안 되는 것이지만, 그것이 지나치게 많아도 지나치게 적어도 안 됩니다.

이 적당한 균형을 위해서는 바쁜 하루를 보내는 틈틈이 숨을 돌릴 시간을 마련하세요. 하루하루를 나름대로의 방법으로 즐기기 위한 궁리를 해보세요. 함께 있으면 마음이 편안해지는 사람에게는 자신만의 삶의 리듬이 있습니다.

이것을 몸에 익히지 못하는 가장 큰 이유 중 하나는 바쁜 일상에 휩쓸려버리기 때문입니다. 숨 돌리는 시간을 만들어서 잠깐 휴식을 취해보거나 옆길로 가보세요. 자신에게 가장 적당한 삶의 리듬을 발견할 수 있을 테니까요. 5분이 됐든 10분이 됐든 그런 시간이 있는 것과 없는 것은 크게 다릅니다. 그 짧은 시간이 마음의 청량제가 되어줄 것입니다.

항상
전투태세인 사람

'벅차다', '슬슬 숨 돌리기가 필요하다'라는 생각이 들 때 몸 속에서는 어떤 스트레스 반응이 일어날까요?

지금 당신에게 괴로운 일, 걱정스러운 일, 불쾌한 자극이 한꺼번에 밀려온다고 합시다. 이럴 때 몸은 자극에 맞서기 위해서 전투태세로 돌입하게 됩니다. 곧바로 뇌하수체의 앞부분으로부터 자극이 전달되어 부신피질 호르몬이 활발하게 분비됩니다.

부신피질 호르몬이란 아드레날린, 노르아드레날린이라

고 불리는 물질입니다. '전투 개시' 신호에 의해 호르몬 분비가 활발해지면 전신이 긴장 상태가 되어 근육이나 혈관 수축, 혈압 상승 등의 현상이 일어납니다. 자극이 강할수록 심장 박동이 빨라지고 호흡이 거칠어지는 등 몸의 변화가 눈에 두드러지지요.

이것은 아드레날린과 노르아드레날린이 자율신경을 자극하여, 사람이 긴장했을 때 민감하게 작용하는 교감신경의 활동이 활발해졌다는 증거입니다. 즉, 자기방어의 메커니즘이지요.

소름이 끼칠 만큼 섬뜩한 공포의 순간, 깜짝 놀라서 움찔할 때의 몸 상태를 생각해보면 쉽게 이해할 수 있을 것입니다.

만약 평소에도 심한 긴장 상태가 계속된다면 몸은 언제나 전투태세를 유지해야만 합니다. 그렇게 되면 사령탑인 뇌가 너무 많은 일로 피곤해져서 뇌의 노화가 촉진되는 문제가 발생합니다.

즉, 극도의 불안이나 긴장은 뇌혈관 장애와 건망증으로 향하는 지름길인 것이죠. 그뿐만이 아닙니다. 심한 스트레스가 계속되면 우리 몸에 있는 면역 시스템의 작용도 약화

되어 병에 대한 저항력 또한 약해집니다.

마음의 문제와 암의 관계를 다룬 연구들을 보면 실제로 강한 불안감이나 긴장이 계속되는 것에 따라 암세포 퇴치에 관여하는 NK세포가 제대로 작용하지 못한다는 사실을 알 수 있습니다.

아무런 질병이 없는 건강한 사람일지라도 하루에 약 3천 개에서 5천 개나 되는 암세포가 체내에서 발생하고 있습니다. 그런데도 암에 걸리지 않는 것은 NK세포를 중심으로 하는 면역부대가 암세포를 처치해주기 때문입니다.

그러나 강한 불안을 느끼거나 긴장 상태가 계속되면 NK세포가 전투의욕을 상실하여 '더 이상 싸우고 싶지 않다'는 자세로 일을 하지 않게 됩니다. 이처럼 몸이 휴식을 원하고 있는데 숨 돌릴 틈을 주지 않으면 불만이 쌓이게 되어 몸과 마음이 스스로를 상당히 위험한 상태로 몰고 가는 것입니다.

기분 스위치를
바꿔보자

시간이 어떻게 가는 줄 모를 만큼 좋아하는 일에 몰두해본 적 있나요? 몰두할 수 있는 일은 사람에 따라 다르지만 그것이 무엇이든 그 순간에는 몸도 함께 기뻐합니다.

몰두하는 이유는 즐거워서 혹은 좋아해서입니다. 뇌가 '즐겁다', '기쁘다', '재미있다'라는 상황에 바로 반응을 보여 쾌락의 호르몬 도파민이 분비되지요. 면역세포의 활동도 활발해져서 여러 가지 병원체에 대한 저항력이 높아지는 등 감정과 더불어 보다 좋은 쪽으로 몸의 변화가 일어나게 됩니다.

긍정적 감정이 충만해지면 면역부대의 병력은 더욱 강화되고, 부정적 감정이 충만해지면 병력은 약화됩니다. 그렇기 때문에 크게 웃거나 즐거워하면 자연스럽게 병에 강한 몸이 됩니다.

건강의 기본은 무슨 일이든 '즐기면서 하는 것'입니다.

함께 있으면 마음이 편안해지는 사람은 매일 이렇게 생활 속의 작은 일에서도 즐거움을 발견, 실천할 수 있는 사람입니다.

사회생활을 하고 있는 이상 스트레스를 피할 수는 없습니다. 다만, 어떤 일이든 가능한 한 즐기면서 임할 수는 있습니다.

노력하려면 긍정적 사고를 가지고 노력하자, 빠른 걸음으로 걸어야 한다면 자신의 의지로 그렇게 하자는 식으로, 노력이 꼭 필요할 때는 노력하는 방법을 바꿔보는 것입니다.

같은 일에 대한 똑같은 노력이라 할지라도, '정말 괴로운 일이다. 언제쯤 끝날지……'라고 생각하며 할 때와 '좀 힘들기는 하지만 좋은 기회니까 최대한 즐겨보는 거야!'라고 생각하며 할 때의 몸 상태는 크게 다릅니다. 스스로가 바꾸게 되는 것이죠.

괴롭다고 생각하며 노력할 때가 몸에 좋지 않다는 것은 말할 필요도 없는 사실입니다.

'뾰족한 수가 없으니까…… 열심히 해야지'가 아니라 '좋은 경험이 될 테니까…… 열심히 하자'가 되도록 기분 스위치를 바꾸면 몸의 반응도 바뀔 것입니다.

일에 국한된 이야기만은 아닙니다. 노래도 억지로 부를 때와 즐기면서 부를 때 면역세포의 기능에서 차이가 생깁니다. 억지로 부를 때는 앞에서 기술한 대로 면역 시스템인 NK세포의 활동이 저하되고 즐겁게 부를 때는 NK세포의 활동이 활발해집니다. 이것은 과학적으로도 증명된 현상으로 부정할 수 없는 사실입니다. 어떤 일이든 긍정적 사고를 가지고 임한다면 몸은 즐거워합니다.

여기서 긍정적 사고를 기르기 위한 능숙한 숨 돌리기 방법을 소개하겠습니다. 스트레스를 영어로 쓰면 'stress'가 됩니다. 재미있는 것은 'stress', 이 여섯 글자가 각각 스트레스를 줄이는 방법의 키워드가 된다는 사실입니다.

sports 운동

travel 여행

recreation 오락

eat 먹기

sleep 잠

smile 웃음

운동, 여행, 오락, 먹기, 잠, 웃음은 제가 생각하는 스트레스 경감, 즉 숨을 돌리기 위한 여섯 가지 조건입니다. 인생을 즐기기 위한 여섯 가지 조건이기도 하고요.

자주 몸을 움직이고, 여행을 하고, 놀이를 즐기고, 잘 먹고, 잘 자고, 자주 웃는 이런 생활을 하려고 노력한다면 부정적 자극 요인을 멀리하고 심신을 건강하게 유지할 수 있을 것입니다.

'최근 마음 놓고 웃어본 적이 없다'거나 '재미있는 일이 없다'라고 한탄하고 있다면 곧바로 '스트레스'를, 이 여섯 가지 숨 돌리기 방법을 생활 속에 도입해보세요. 함께 있으면 마음이 편안해지는 사람은 이 여섯 가지 조건을 일상생활 속에서 적극적으로 실천하고 있을 것입니다. 무엇이

든 재미있어 하면 스트레스는 멀어집니다. 그것이 몸의 법
칙입니다.

열중할 수 있는 것이야말로
마음에 특효약

무엇인가에 몰두하는 것의 중요성은 제 아버지에게 배웠습니다. 제가 보기에 아버지는 우울증에 걸리기 쉬운 성격의 표본과도 같은, 굉장히 성실하고 꼼꼼한 완벽주의자라는 표현이 적합한 분이었습니다.

자율신경이 예민해서 지나칠 정도로 화장실에 자주 가고, 더위와 추위에도 민감해서 함께 있는 것만으로도 팽팽한 긴장감이 전해져오곤 했습니다. 거기에 더하여 아버지는 인생에서 우울증의 도화선이 될 만한 위험한 사건들에 몇 번이고 직면했었습니다.

제가 어렸을 때 할아버지께서 설립하신 병원이 화재로 전소된 적이 있었습니다. 할아버지는 화재보험에 들지 않으셨기 때문에 이 불로 인하여 우리 집은 전 재산을 잃게 되었지요. 그 후 아버지는 낙담하신 할아버지 대신 병원의 재건을 위해 전국을 분주히 돌아다니셨습니다. 온종일 지인과 친척들에게 돈을 빌리러 다니다가 피곤에 지쳐 집으로 돌아오시면 기다리고 있는 것은 빚을 갚으라는 재촉 전화뿐이었죠. 당시 아버지가 쓴 일기에는 스스로가 '신경쇠약에 걸렸다'라는 기록이 있었습니다.

그런 아버지의 모습을 보고 '이거 정말 큰일 났는걸. 앞으로 괜찮을까?'라고 어린 마음에도 강한 불안감을 느낄 정도였습니다.

할아버지 뒤를 이어 원장이 된 후에도 아버지는 끊임없이 마음고생을 해서 오랫동안 수면제를 복용하셨습니다.

하지만 더 큰 시련은 간신히 재건한 병원이 전쟁 때 폭격으로 인해 다시 전소해버린 것입니다.

이런 상황들에 둘러싸여 있었으면서도 아버지가 우울증에 걸리지 않은 이유는 무엇이었을까요? 제 나름대로 분석해본다면 글쓰기에 몰두하는 시간이 있었기 때문에 다행스럽게도 우울증을 피해갈 수 있었다고 봅니다.

물론 아버지에게 글을 쓴다는 행위는 단순한 취미가 아니었습니다. 경제적인 목적도 있었는데, 어쨌든 좋아서 시작한 일이었고 시를 짓고, 수필이나 산문을 쓰는 시간에는 적어도 그 세계에 몰두할 수 있었을 것입니다. 다시 말하자면 일상을 잊을 수 있는 시간이었기 때문에 우울증을 비롯한 정신질환의 발생을 억제한 것이라고 저는 생각합니다.

저 역시 우울증 초기 단계까지 간 적이 있었는데 여행과 비행기라는 취미 덕분에 회복할 수가 있었습니다. 하루 종일 잡다한 일들에 쫓기며 그에 관한 것들만 생각하면 연속되는 긴장감으로 뇌의 피로가 쉽게 쌓입니다. 그래서 저는 하루에 한 번, 뇌를 편안하게 해주는 공백 시간을 만들고 있습니다.

대부분은 잠들기 전, 제가 좋아하는 비행기에 관한 책이나 잡지를 읽으며 취미에 몰두합니다. 이 잠들기 전 몇십 분간의 의식에 의해 뇌가 해방되고 몸도 편안해지지요. 열중할 수 있다는 것은 최선의 숨 돌리기 방법이자 마음의 건강을 지키기 위한 상비약과도 같습니다.

몸이 굳으면
마음도 굳어버린다

운동을 많이 하면 몸의 근육이 피곤해지는 것처럼, 이것저것 생각하는 시간이 많으면 당연히 머리가 피곤해집니다. 피로가 쌓이면 머리가 무거워지고 두통이 일어나는 등의 자각증상을 동반하지요. 이런저런 생각들로 머리를 계속해서 쓰면 피가 머리로 쏠리게 되어 그 불균형적인 피의 흐름이 불쾌감을 만들어 나타나는 것입니다. 머리가 피곤해지면 연동작용으로 마음도 피곤해집니다. 머리가 굳어지면 마음도 굳어지고요.

그런데 현대인은 아무래도 머리를 지나치게 많이 쓰지 않습니까? 컴퓨터나 스마트폰이 없어서는 안 될 물건이 되어버린 탓에 머리를 쉴 틈 없이 움직이지 않으면 안 됩니다. 그 때문에 '테크노 스트레스'를 호소하는 사람이 늘고 있습니다.

머리가 띵하고, 눈이 아프고, 목과 어깨가 결리는 등은 테크노 스트레스로 인해 가장 흔하게 발생하는 증상입니다. 특히 머리나 눈을 집중적으로 사용하기 때문에 그쪽에 피와 에너지가 몰리고 몸의 균형이 깨져서 증상으로 나타납니다.

컴퓨터나 스마트폰만 붙들고 있으면 사람과의 접촉도 적어지게 되어 대화로 발산할 수 없는 양만큼 정신적 피로가 축적되기 쉬워집니다.

장시간 책상이나 컴퓨터 앞에 앉아 있으면 '아, 몸을 움직이고 싶다', '신선한 공기를 마시며 걷고 싶다, 숨을 좀 돌리고 싶다' 하는 생각이 들 때가 있을 것입니다. 이것은 '마음과 몸의 균형이 깨지려고 하고 있으니 몸을 좀 더 움직이세요'라는 몸의 경고인 것입니다.

이럴 경우에는 경고를 받아들여서 평소에 잘 쓰지 않는

근육을 움직여주는 것이 가장 좋은 방법입니다. 앞에서 소개한 여섯 가지 조건 중 하나인 'stress'의 'sports 운동'을 적극적으로 해서 균형을 잡아주면 되겠지요.

주로 머리를 쓰는 일을 하는 사람일수록 몸의 긴장을 풀어주어 혈액의 흐름을 좋게 해주는 것이 중요합니다. 피로가 한 부분에 몰리면 그와는 반대되는 행동을 해서 발산시켜주는 것이 좋습니다.

마찬가지로 몸의 근육이 긴장된 채로 있으면 마음도 굳어버려 좀처럼 풀어지질 않습니다. 그 결과 사소한 일도 그냥 지나치지 못하고 밤새 고민하는 등 더욱더 머리를 쓰고, 부정적 감정 또한 커지게 됩니다. 주위로 불쾌한 공기를 발산하게 되어 함께 있는 사람까지도 피곤하게 만듭니다.

그러기 싫다면 운동에 몰두하여 마음의 긴장을 풀어주세요. 머리를 싸매고 고민하기보다는 아무런 생각도 하지 말고, 몸을 움직이는 편이 훨씬 더 효과 좋은 약이 될 테니까요.

피곤하면 쉰다, 하나의 자세가 힘들어지면 다른 자세로 바꾸거나 몸을 움직인다, 졸리면 잔다, 하루 종일 기계하고만 상대했다면 사람들을 만나 이야기를 나눈다, 몸이 원하고 있는 이런 당연한 행동들이 지금 당신이 행해야 할 숨 돌리기 방법입니다.

이런 기분 전환법을 알고 있는 것도 함께 있으면 마음이 편안해지는 사람들의 매력 중 하나입니다.

수면은
마음의 건강을 나타내는 척도

지금 불만이나 불안이 상당히 쌓여 있다고 느끼더라도 그 것이 어느 정도 쌓여 있는지를 스스로 진단하기란 그리 간 단한 일이 아닙니다. 체중이나 체지방은 수치로 나타나기 때문에 한눈에 알 수 있지만 안타깝게도 불만지수나 불안 지수를 재는 기계는 아직 존재하지 않습니다. '나는 괜찮 다'라고 생각하고 있더라도 스트레스가 상당히 쌓여 있을 가능성도 있고, '불만이 쌓여 있다'고 했지만 나도 모르는 사이 넋두리로 대부분 발산되었을 가능성도 있습니다.

여기서 간단히 마음의 건강도를 잴 수 있는 체크법을 알

려드리겠습니다. 바로 '수면'입니다.

다음 날 면접이라든가 발표라든가 매우 중요한 일이 있어서 잠이 오지 않았던 경험은 누구에게라도 있을 것입니다. 설레서 잠이 오질 않는 경우도 있는가 하면 불안해서 잠이 오질 않는 경우도 있고요.

어떤 경우든 일시적인 불면이라면 문제될 것이 없습니다. 하지만 언제나 깊이 잠들지 못한다, 언제나 중간에 깨버린다, 휴일이어도 아침 일찍 눈이 떠진다 등 불면이 습관처럼 되어버렸다면 문제가 있는 것입니다. 잠의 질, 수면상태가 좋지 않다는 것은 자율신경의 균형이 깨져버렸다는 증거입니다.

종종 밤중에 화장실이 가고 싶어서 눈이 떠지는 경우가 있습니다. 다녀와서 바로 잠이 든다면 문제될 것이 없습니다. 하지만 그대로 잠이 오지 않는 상태가 계속된다면 개선이 필요합니다.

우울증 환자도 수면 상태에 문제가 있습니다. 잠을 자긴 자는데 두세 시간 만에 눈이 떠지는 '수면 중단' 현상을 빈번하게 겪습니다. 한번 잠에서 깨면 아침 해가 뜰 때까지 좀처럼 잠들지 못하고 괴로워합니다. 잠들었다 해도 부족한 수면 시간 때문에 힘들어하고 하루 종일 불규칙적으로 찾아오는 졸음 때문에 고생을 하지요.

수면 시간이 불규칙하면 일상생활에도 지장을 초래합니다. 피곤이 풀리질 않고 한 가지 일에도 집중할 수가 없는 상태가 됩니다. 정신적인 균형까지 깨져선 평온한 마음을 지닐 수 없게 됩니다.

양질의 수면이란 푹 자고 가볍게 일어나는 것입니다. 이 것이야말로 몸과 마음의 건강을 유지하기 위한 기본이지요. 잠이 오지 않을 때에는 억지로 잠들려고 하지 마세요.

그보다는 일상을 바꿔야 합니다. 운동을 통해 몸을 움직이거나 좋아하는 취미활동을 하거나 즐겁게 대화를 나누는 등의 행동을 통해 불면의 근본적인 원인을 제거하는 것이 선결 과제입니다.

한발 물러서서
내 마음에게 물어보자

현재 자신의 건강상태를 진단하는 데 참고가 되는 것이 심리학자들이 주장하고 있는 정신 건강에 대한 정의입니다. 함께 미국의 심리학자인 에이브러햄 매슬로가 주장한 '자아실현에 성공한 사람들'의 조건을 살펴보겠습니다.

- 현실을 있는 그대로 받아들인다
- 자기를 수용하고 타인과 자연도 수용한다
- 자발성을 가지고 있다
- 일에 열중한다

- 참신한 시선을 가지고 있다
- 최고의 순간에 대한 경험이 있다
- 사회에 관심이 있다
- 친밀한 인간관계를 가지고 있다
- 적의가 없는 유머감각이 있다
- 창조적이다
- 관습보다는 자신의 내면에 충실하다

자신의 능력이나 가능성을 발휘해서 성장한 사람은 정신적으로도 건강해서 위와 같은 조건을 겸비하고 있다는 것입니다.

간단하게 정리를 해봅시다. 자신은 물론 남들까지 관대하게 받아주고, 자신을 객관적으로 바라볼 줄 알며, 활동적이고, 대인관계가 좋고, 자기를 책임질 능력이 있고, 유머가 있으며, 일상에서도 즐겁고 재미있는 체험이 가능한가 등이 마음의 건강도를 재는 지표가 되는 것입니다.

반대로 자신에게도 타인에게도 비관적이고, 집중하지 못하고, 즐기거나 재미있어 하지 않고, 자신을 책임지지 못하면서 남 탓하는 모습을 보인다면 보인다면 지금 마음은 그다지 건강하지 않은 상태라는 진단이 가능할 것입니다.

물론 앞에서 언급한 조건을 100퍼센트 충족시키기란 극히 어렵습니다. 전부 충족하고자 한다면 헛수고일 수도 있습니다. 우선 객관적인 관점으로 자신을 바라보고, 현재 자신의 마음 상태를 아는 것이 가장 중요합니다. 한 걸음 떨어져서 내면을 바라볼 수 없다면 한 걸음도 전진할 수 없습니다.

냉정하게 자신의 심리 상태를 인식할 수 있게 되면 마음에 중심이 생깁니다. 흔들리더라도 다시 균형을 잡을 수 있습니다. 그런 태도로 삶을 살아간다면 주위 사람들에게도 안도감을 전할 수 있습니다. 함께 있으면 마음이 편안해지는 사람이라는 말을 들을 수 있겠지요.

전력질주는
모두를 피곤하게 한다

'직장·가정·육아' 등 하루 종일 쉴 새 없이 활약하는 여성들이 있습니다. 이처럼 완벽을 기하는 커리어우먼이 빠지기 쉬운 것이 '슈퍼우먼 신드롬'입니다.

몇 가지나 되는 역할을 완벽하게 수행하려고 하다 보면 심신이 지쳐버려서 정서가 불안정해지고, 신경질적으로 변하며, 몸이 무거워지는 등 우울증과 비슷한 증상이 나타납니다.

슈퍼우먼이라는 말처럼 그녀들은 모두가 우등생으로 일도 잘하고, 책임감도 강하며, 사회적으로도 높은 평가를 받고 있습니다. 스스로도 '이렇게 되고 싶다', '이렇게 되지 않으면 안 된다'라는 식의 높은 이상을 가지고 있기 때문에 최대한 힘을 발휘하여 전력질주로 돌진합니다.

집중력을 끌어올려 유치원이 끝나는 시간에 맞춰서 일을 마무리짓고, 집에 돌아와서는 단번에 집안일을 하고, 직장에 나간다는 것이 아이에게 마이너스가 되지 않도록 아이와 대화를 나누는 시간도 중요시하며, 한편으로는 아내로서의 역할에도 완벽을 기합니다.

'결혼해서도 아줌마 티는 내고 싶지 않다.'

'모든 사람에게 인정받고 존경받는 사람이 되고 싶다.'

그런 생각도 다른 사람들보다 강하기 때문에 언제나 최선을 다하지요.

최근에는 여러 매체에서 사회 일선에서 활약하고 있는 '멋있는 여성'들이 자주 조명되곤 합니다. 그렇게 여성으로서의 모범적인 삶을 보여주는 모델들이 있기 때문에 보는 이로 하여금 나도 미래에는 저런 여성이 되고 싶다라는 이상을 품게 하지요.

하지만 그런 생각이 지나치면 강박관념에 사로잡혀 도를 넘어서까지 노력하게 됩니다. 그러고는 숨을 헐떡이며 쓰러지게 됩니다.

완벽주의자들을 뒤집어서 말하자면 실패를 두려워하는 사람들입니다. 그렇기 때문에 작은 실수가 커다란 상처가 되기 쉬운 법이지요.

하지만 생각해보세요. 여러 가지 역할을 완벽하게 수행하는 사람은 이 세상을 샅샅이 뒤져봐도 찾아낼 수 없습니다. 오히려 완벽하지 못한 것이 당연한 일이니까요. 지나치게 최선을 다하면 자신이 실패했을 때 세상이 무너진 것처럼 되기 쉽습니다. 주위의 공기까지 흐려져서 정적을 깨는 한 대의 폭주차량이 되어버리는 것입니다.

이 폭주차량은 다른 것과도 제대로 조화를 이루지 못합니다. 쾌적한 드라이브를 즐기기 위해서는 때때로 운전을 멈추고 휴식을 취하기도 하고, 주위와 협력도 해야 합니다.

주위에 눈길 한번 주지 않고 공부만 하는 공부벌레들은 접근하기 어려운 분위기를 갖고 있다고 여겨지지 않습니까? 자신도 모르는 사이에 주위로 숨 막히는 공기를 발산하고 있는 것입니다.

'아, 바쁘다, 바빠.'

'이것도 해야 하고 저것도 해야 하고.'

이렇게 힘쓰고 있는 사람 옆에 있으면 보고 있는 사람도 피곤해져서 조금은 거리를 두고 싶어집니다. 바빠하고, 노력하는 모습이 너무나 강렬하면 자신의 에너지까지 빼앗길 것 같은 위기감이 느껴지니까요.

무리해서 노력하면 주위 역시 피곤해집니다. 그리고 노력하는 모습을 지나치게 어필하면 주위 사람들은 더욱 피곤해합니다. 어깨에서 조금 힘을 뺀 상태가 가장 좋습니다.

완벽주의자들은 시험 점수로 말하자면 언제나 100점을 목표로 하는 사람들입니다. 하지만 100점 만점을 목표로 하면 어깨에 힘이 들어가 있는 상태가 계속되기 때문에 주위의 공기까지도 흐려집니다.

언제나 100점을 목표로 하면 전력질주를 할 수밖에 없기 때문에 자신도 주위 사람들도 숨이 막힙니다. 그러니 80점이나 70점을 목표로 해보세요. 처음부터 20점이나 30점 정도는 빼놓는 것이 어깨의 힘을 빼고 인생을 즐기기 위한 중요한 포인트입니다.

80점이나 70점을 목표로 하면 당신도 주위도 편안해지고 인간관계도 좋아질 것입니다. 여유를 가지고 걷는 편이 주위의 공기를 평온하게 한다는 것은 말할 필요도 없는 사실이고요. 주위 사람들과 조화를 이뤄가면서 쾌적하게 걸을 수 있는 삶이 가능할 것입니다.

바쁜 때일수록
편안한 마음으로

현대인은 대체적으로 바쁘고, 언제나 많은 용건을 끌어안고 살아갑니다.

하나의 일이 끝나면 쉴 틈도 없이 또 다른 일 그리고 또 다른 일이 줄을 서서 기다리고 있지요. 너무 바쁘면 '아, 누군가가 대신 일을 해주지 않으려나', '왜 항상 나만 바쁜 거지?'라는 등 자신도 모르게 비관적으로 생각하기가 쉽습니다.

하지만 대부분의 경우에는 대신해서 일을 처리해줄 사람은 없습니다. 어떻게든 마음을 다잡아서 자신이 처리할 수밖에 없는 문제입니다.

저도 일이 너무 많아서 꼼짝 못 하는 경우가 더러 있습니다. 부탁을 받으면 거절할 수가 없는 또는 거절하지 않는 저에게, 아내의 표현을 빌리자면 '예스맨'이라더군요. 틀림없이 그럴지도 모릅니다. 그 때문에 많은 일을 끌어안고 마니까요.

그런 와중에 갑자기 선상강연 의뢰 등이 들어왔다고 합시다. 그래도 저는 거절하지 않습니다.

'급한 일만 몇 개 처리하면 즐거운 선박여행이 기다리고 있다'라고 마음을 토닥여 어떻게든 일을 마무리할 결심을 하거든요.

당신은 즐거운 일을 앞두고 산적한 일을 단번에 처리한 경험은 없으십니까? 그리고 이런 결심은 좋은 쪽으로 작용하는 일이 많다는 것을 아시는지요.

그 즐거운 일에 도달하기 위한 방법은 먼저 우선순위를 정하는 것입니다. '이것도 해야 하고 저것도 해야 하고, 이거 큰일 났다!'라고 생각하면 힘들어지고 바로 몸에도 무리가 가니까 '어쨌든 할 수 있는 일부터 순서대로 해나가자. 그렇게 하면 틀림없이 끝낼 수 있다'라고 생각하는 것입니다.

원고가 밀려 있을 때는 마감일, 쓰기 쉬운 주제, 원고의 분량, 취향 등을 종합적으로 생각해서 우선순위를 정합니다.

도저히 정해지지가 않을 때는 종이에 써서 지워나가는 방법으로 순서를 정해갑니다. 순서가 정해지면 앞으로의 작업을 낙관적으로 생각해야 합니다.

'자, 힘내자. 좋은 글을 쓰자. 무슨 일이 있어도 적당히는 넘어가지 않을 거야.'

이렇게 너무 잘하려고 생각하면 오히려 시작이 힘들어져서 어깨에 힘이 들어가고 문장이 딱딱해집니다. 여기서 필요한 것이 노자의 '소욕지족(少慾知足)'적인 발상입니다. 마음의 요구 수준을 너무 높이 잡지 말고 100퍼센트 아래로 생각하여 행동하라는 것이지요.

이런 발상법을 통해서 어쨌든 한 줄이든 두 줄이든 쓰기 시작하는 작전을 실행해보세요. 스스로가 등을 떠밀어서 속도가 붙도록 하는 것입니다. 이렇게 하면 의외로 일이 잘 풀립니다. 순서를 정했다면 '될 대로 돼라' 정도의 편안한 마음으로 임하는 것이 뇌세포도 유연해져서 펜도 자연스럽게 움직입니다.

저는 전부터 100퍼센트 강박관념에서 벗어나자고 주장

해왔는데, 일을 지나치게 많이 맡았을 때일수록 이 발상법으로 하나하나 진행해나가고 있습니다. 아니, 요즘에는 요구 수준을 좀 더 낮춰서 '60퍼센트라도 좋다'고 생각하고 있습니다.

당신도 바쁜 일상에 지쳤을 때는 잠시 걸음을 멈추고 마음의 요구 수준을 다시 설정해보세요. 100퍼센트에서 멀어질수록 마음이 편안해져서 사면초가와도 같은 상태에서 한 발 전진할 수 있게 되니까요.

'어쨌든 할 수 있는 일부터 해나가자.'

'바로 끝낼 수 있는 일부터 정리해나가자.'

이렇게 편안한 마음으로 눈앞의 일들을 해결해나가면 언젠가는 끝이 보입니다. 끝나지 않는 일은 없고 괴로운 일도 그렇게 오랫동안은 지속되지 않는 법이니까요. 당신이 이런 마음을 가질 수 있게 됐다면 틀림없이 함께 있으면 마음이 편안해지는 사람에 가까워진 것입니다.

제3장

좋은 생각이
좋은 관계를 만든다

기대치를 낮추면
스트레스가 줄어든다

자신에게 가장 적절한 걸음 속도를 모른 채로 있으면 아무래도 다른 사람의 걷는 속도에 '따라가자', '따라잡자'라는 생각이 들어 무리하기 십상입니다.

늘 100점 만점과 같은 완벽을 추구하면 숨 돌릴 틈도 없이 계속 노력을 해야만 합니다. 그러면서 나도 모르는 사이에 주위 사람들에게도 그것을 강요하기 때문에 그들도 피곤해지는 것입니다. 당신에게 맞는 삶의 속도를 알기 위해서는 이 '노력주의'에 대해 다시 생각해볼 필요가 있습니다.

때로는 천천히 걷는 버릇을 들이고 숨 돌릴 여유 시간을 갖는다면 자신에게 맞는 속도를 점점 알아갈 수 있을 것입니다. 전력질주를 할 때는 보이지 않던 것들이 천천히 걸으면 보일 테니까요. 자신에 대해서도, 다른 사람에 대해서도 객관적인 시선으로 바라볼 수 있습니다. 완벽주의를 버리면 인생을 즐길 수 있게 해주는 힌트가 여기저기에서 모습을 드러낼 것입니다.

어떤 일에든 완벽을 기하지 말고, 작은 욕망을 갖는 것이 인생을 편하고 즐겁게 보낼 수 있는 방법이 되는 것입니다. 이것이 저의 지론입니다.

예를 들어, 여러 가지 인간관계에서의 문제를 둘러보면 그 원인에는 하나의 공통점이 있습니다. 그것은 상대에게 지나치게 완전을 요구하고 있다는 것입니다.

부부, 부모와 자식, 상사와 후배 등 고민스러운 관계는 여러 가지 요인이 있지만 잘 살펴보면 그 어떤 경우라도 상대에 대한 요구사항이 너무 높기 때문에 관계가 삐걱거리고 있다는 것을 알 수 있습니다.

한 직장인은 이런 불평을 늘어놓았습니다.

"제 상사는 기계에 약해서 항상 이것저것 물어옵니다.

도무지 내 일이 손에 잡히지 않을 정도라니까요."

한 주부는 이런 고민을 털어놓았습니다.

"남편이 아무런 예고도 없이 직장 동료나 친구를 집으로 데리고 옵니다. 그때마다 대접하느라 너무 힘들어요."

하지만 여기에 등장한 상사도, 남편도, 그들을 대하는 상대에 따라서 그 인상이 상당히 변할 것입니다. 기계에 약한 귀찮은 상사는 잘난 척하지 않는 좋은 상사로, 집에 사람들을 몰고 오는 남편은 친화력이 좋은 사람으로 보일 수 있습니다.

어디서 그런 차이가 생겨나는지를 한마디로 말하자면 상대에 대한 요구 수준의 차이에서 생기는 것이지요. 그리고 기대치가 높을수록 상대에 대한 불만도 높아지는 것입니다. 처음부터 100퍼센트 이상적인 상사, 이상적인 남편을 얻는 것은 어차피 무리 아닌가요? 그리고 받아들이는 관점에 따라서 상대의 좋지 않은 인상이 점점 좋은 방향으로 변하기도 하고요.

자기 자신에 대한 요구 수준도 이와 마찬가지여서 높이 설정할수록 갑갑해지고 낮게 설정할수록 편안해지는 것입니다.

우선 높이 설정한 경우인데 아무리 우수한 인재라도 언제나 100점 만점을 받지는 못합니다. 이는 마치 시험의 답안지와 같은 것으로, 아무리 노력했다 하더라도 95점을 받기도 하고 89점을 받을 때도 있으니까요.

100점을 목표로 하는 사람에게 그 이외의 점수는 모두 실패나 다름없습니다. 80점도 커다란 실패, 60점은 치명적인 실패이지요. 이렇게 보자면 언제나 만족감을 느끼지 못합니다.

반대로 낮게 설정한 경우, 사고방식이 완전히 바뀝니다. 80점으로 설정해놓으면 80점으로 성공, 100점이라면 대성공, 60점을 받더라도 커다란 실패라고까지는 생각하지 않습니다. 만약 60점으로 설정한다면 마음에 더욱 여유가 생길 테고요.

비교해보면 알 수 있듯이 100퍼센트를 목표로 열심히 노력하는 사람일수록 쉽게 좌절하며 쉽게 스트레스에 시달립니다. 이런 상태에서 주위 사람들과 잘 지낼 수 있을까요?

최선을 다해 노력하는데도 인생이 즐겁지 않거나, 거기에 더해 사람을 피곤하게 한다면 그것은 손해일 뿐입니다.

따라서 자신에 대해서도, 타인에 대해서도 완벽을 기대하지 않는 것이 좋습니다. 높은 요구 수준을 낮추는 일이야말로 쾌적한 삶을 영위하기 위해 마음이 요구하고 있는 것입니다.

60퍼센트라도
좋다

100퍼센트를 목표로 하지 않으면 긍정적으로 생각할 수 있습니다. 100점 만점을 목표로 하면 99점일 때에도, 98점일 때에도 '이런, 어떻게든 부족분을 만회해야지', '분하다, 다음에는 기필코 100점을 받아야지' 하며 다시 전력투구하지 않으면 안 됩니다. 물론 도전하고 노력하는 자세는 좋지만 그게 과하다면 문제입니다.

'이번에도 실패다', '역시 실패다', '왜 이렇게 실패만 하는 거지?' 하며 반복해서 자책하는 동안 점점 더 부정적인 사고방식을 갖게 될 우려가 있습니다. 언제나 신경이 날카로운 상태로, 주위의 공기를 무겁게 만들지요.

하지만 목표를 80점으로 설정하면 그 순간 20점의 여유가 생깁니다. 따라서 어느 정도의 부족한 부분이 발생하더라도 '이만큼 한 것도 잘한 거야'라고 여기게 되지요. 같은 일을 하더라도 목표를 어떻게 잡느냐에 따라 전혀 다른 반응을 보이는 것입니다.

옷을 예로 들자면 고급 브랜드로 머리부터 발끝까지 100퍼센트 완벽하게 치장을 한다면 본인도, 보는 사람도 어깨에 힘이 들어가게 됩니다. 어느 정도 빈틈이 있는 것이 상대가 대하기에도 편하고, 부족한 부분을 보충하기 위해 창의력을 발휘해서 꾸밀 여지가 생기면 스스로에게도 즐거움을 느낄 수 있지요.

'부족한 점이 있는 편이 좋다', '부족한 점이 있는 건 당연하다'라고 자신을 받아들인다면, 상대의 부족한 점에 대해서도 관대할 수 있습니다. 불안 요인도 화를 내는 요인도 점점 줄어들겠지요. 이것이 100퍼센트를 목표로 하지 않을 때의 강점입니다.

20점의 여유는 다시 말하자면 안심하는 방법이고, 언제나 안심을 저축해두는 것이기 때문에 인생을 긍정적으로 즐기기 위한 해법이 되는 것입니다.

저는 최근에 요구 수준을 뚝 떨어뜨려서 '70퍼센트나 60
퍼센트도 좋아'라고 생각하고 있습니다. 나이가 들면서 아
무리 높은 요구 수준을 설정하더라도 뇌세포가 그에 응해
주질 못하게 되어버렸으니까요.

"어? 안경을 어디에 뒀지? 어디에 두고 왔더라?"

한바탕 소동을 벌이며 찾고 있는데, "지금 안경 끼고 있
잖아요"라고 아내가 말합니다. 이런 상황들이 자주 일어나
곤 합니다.

만약 완벽을 추구하는 사람이 이런 일에 처한다면 이렇
게 생각하겠지요.

'아, 나도 이렇게 건망증이 심해졌구나……. 한심해.'

'아직 젊은 녀석들한테 질 수는 없지. 좀 더 분발하자.'

하지만 제게는 30~40퍼센트의 여유가 있어서 웃어넘길
수가 있습니다. '얘깃거리가 하나 늘었다. 이걸 사람들에게
말해주면 다들 웃겠지' 하며 가볍게 받아들입니다.

요구 수준을 낮추면서 아내에게도 '이렇게 했으면 좋겠
다', '저렇게 했으면 좋겠다'라는 등의 잔소리를 하지 않게 되

어 사소한 다툼도 사라지고 부부관계도 원만해졌습니다.

이처럼 요구 수준을 자유롭게 설정하면 되는 것인데, 우선은 80퍼센트 정도의 수준에서 시작해보는 것이 어떨까 합니다. 만약 80퍼센트가 부담스럽다면 다음에는 70퍼센트, 그다음에는 60퍼센트로 설정을 바꿔가면서 무리가 되지 않는 수준에서 시험해보는 것이 좋습니다.

중요한 것은 어느 정도의 수준이 좋은가가 아니고, 완벽하고자 하는 마음에서 벗어나 모든 일을 편하게 생각하는 버릇을 들이는 것입니다.

물론 기대치에 다가가기 위해서는 노력이 필요하고, 노력한 만큼 무엇인가를 달성했을 때의 기쁨도 커지는 것입니다.

'열심히 살아도 인생은 인생! 느긋하게 살아도 인생은 인생!'

이 생각의 전환으로 일에도, 인간관계에도 보다 여유가 생겨 긍정적으로 볼 수 있을 것입니다. 당신 마음에 여유가 생긴다면 주위 사람들의 마음까지 여유롭게 만들 수 있을 것입니다.

적당히 엄격하게
적당히 부드럽게

제 아버지와 어머니는 서로가 완벽을 추구하는 스타일의 사람들이었습니다. 같은 완벽주의자이긴 하지만 성격은 판이하게 달랐습니다.

아버지는 성실하고 꼼꼼한 성격으로 다른 사람의 표현에 의하면 '신경질적인 기분파'였고, 어머니는 상당히 낙천적으로 호기심이 강하고 무엇이든 1등만을 고집하는 성격입니다. 겉으로 보기에도 정반대의 성격을 가지고 있는 두 분은 '물과 기름'과도 같은 사이였습니다.

아버지는 문학을 파고들었고, 어머니는 호기심이 생기

면 생기는 대로 여행을 떠났습니다. '나는 내가 좋아하는 일을 할 테니까 당신도 당신이 좋아하는 일을 하시오'라고 서로 다른 방향을 향하고 있었기 때문에 정면충돌을 피할 수 있었던 것이지요.

만약 완벽주의자들이 상대에게 자신의 이상을 강요하기 시작하면 충돌은 당연히 피할 수 없는 일입니다. '절대로 A여야만 한다'라는 것과 '절대 B여야만 한다'라는 것이 정면으로 맞붙기 때문에 결론이 날 리 없지요.

요구 수준을 서로가 조금씩 낮추지 않는다면 영원히 평행선을 걷게 됩니다. 자신에게도 남에게도 엄격하면 여유가 없어지기 때문에 그야말로 숨 막히는 관계가 되고 말지요.

그렇다고 해서 '외유내강형'으로 바꾼다면 자신만이 무거운 짐을 도맡는 셈이 되어버립니다. 타인에게 부드럽게 대할수록 스스로가 노력해야 하는 요인이 늘어나서 바빠지고 균형이 깨지는 것입니다. 한편 '외강내유형'은 반대로 상대에게 무거운 짐을 지우게 되니 이것도 균형이 깨지는 건 마찬가지입니다. '외유내유형'은 너무 극단적이어서 견딜 수 없고요.

결과적으로 자신에 대한 요구 수준도, 타인에 대한 요구 수준도 '적당히'가 좋지 않겠습니까?

'적당히 엄격하게, 적당히 부드럽게.'

이것을 기억한다면 여유 있는 마음으로, 편하게 지내는 관계를 만들 수 있을 것입니다.

계획대로만
움직이는 사람

함께 있으면 마음이 편안해지는 사람은 여행을 할 때 특히 그 장점이 나타납니다.

회사원 A씨의 경우입니다. A씨는 동료 네 명과 하와이로 여행을 떠났습니다. 그런데 호텔에 도착한 순간, 문제가 생겼습니다.

바다 전망의 방을 예약했는데, 창밖 경치가 그다지 좋지 않은 반대쪽 방으로 안내를 받은 것입니다. 바로 바꿔달라고 항의했지만 마침 만실 상태여서 그렇게 할 수가 없었지요.

크게 화를 낸 것은 바닷가 풍경을 누구보다도 원하고 있던 동료 B씨였습니다. "이건 약속하고 다르잖아"라며 좀처럼 분을 삭이지 못했기에 다른 세 명은 B씨를 달래기에 여념이 없었습니다.

이번 여행 예약은 전부 그들의 직속 상사가 해준 것이었습니다. 여행사에 아는 사람이 있다며 특별 가격으로 비행기 표와 호텔을 예약해준 것이었죠. 그 상사에게 연락을 해봤지만 상황은 조금도 변하지 않았고, 그들은 호텔직원이 안내해준 방에서 묵어야만 했습니다.

이후 A씨와 B씨는 그야말로 정반대의 반응을 보였습니다. B씨는 3박 4일 동안의 여행 기간 내내 기분이 상한 채로, 입만 열었다 하면 "방 때문에 모처럼의 여행이 엉망이 되어버렸다"라며 불평불만 일색이었습니다. 한편 A씨는 "모처럼 나왔으니 기분 좋게 여행을 즐기자. 나중에 생각해보면 이것도 좋은 추억이 될 거야"라고 말했습니다.

그리고 실제로 여행 일정을 소화하다 보니 낮에는 바다로 나가거나 쇼핑을 하는 등 바빠서 방에 있을 시간이 거의 없었습니다. 방 안 창문에서 바다가 보이느냐 보이지 않느냐 하는 것은 그다지 문제될 것이 없었습니다.

하지만 B씨는 자신이 생각한 조건에 100퍼센트 충족하지 않는다면서 모처럼의 여행을 만끽하지 못했습니다. 반면에 A씨는 상황에 따라 조건을 조정한 덕분에 즐거운 시간을 보냈지요. 당신에게도 이와 비슷한 경험이 있지 않습니까?

여행 일정이 조금이라도 바뀌면 정색을 하고 기분 나빠하는 사람이 있습니다. 가보고 싶었던 가게에 갔는데 정기휴일이어서 들어갈 수가 없었다는 이유만으로 어깨를 축 늘어뜨리는 사람도 있습니다.

이럴 때 요구 수준을 조정할 줄 아는 여유가 있다면 바로 마음을 고쳐먹고 새로운 경험을 즐길 수 있습니다.

난감함을 즐거움으로
바꾸는 힘

저도 자주 여행을 떠납니다만, 여행에는 언제나 변수가 생깁니다. '트래블(travel)은 트러블(trouble)'인 것입니다. 그렇기 때문에 특히 여행에서 100퍼센트를 기대한다면 끊임없이 불평불만을 늘어놓아야 할 것입니다. '여행 일정이 마음에 들지 않는다', '음식이 입에 맞질 않는다', '호텔이 불편하다', '같은 일행 중에 거슬리는 사람이 있다', '피곤하다', '졸리다', '덥다', '춥다' 등 모두 열거하자면 끝도 없지요. 이런 생각은 태도로 드러납니다. 표정과 말투에 배어 나와서 다른 사람들도 불편한 심기를 알아차리게 됩니다. 모처럼의 여행 분위기를 흐리게 되어 일행들로부터 미움을 살 것입니다.

다행히 저는 새로운 경험을 즐기는 편이기에 사소한 문제로 마음이 상하거나 하지는 않습니다. 문제는 당연히 일어나는 것이라고 생각하기 때문에 그 대응책을 마련하려고 애쓰지요.

이런 종류의 문제를 재미있어 하는 사람도 있는데, 지금 이 순간 저희 어머니가 떠오르는군요. 어머니는 오히려 '문제 대환영'이라 할 정도로 남들과는 다른 면이 있었습니다. 극성스러울 정도의 호기심과 낙천적 사고를 가진 덕분에 여든이 다 된 나이에도 남극을 탐험하고, 에베레스트 등반에 도전하는 등의 커다란 모험을 하셨습니다.

100퍼센트 완벽주의에서 벗어나면 많은 문제를 즐거움으로 바꿀 수 있습니다. 또 문제가 일어나기 때문에 여행을 더 오랫동안 추억할 수 있는 것이고요.

외국으로 여행을 자주 나가는 사람일지라도 자국 음식점이나 패스트푸드점과 같은 곳에서 익숙한 음식만을 먹으려는 사람이 있습니다.

'모르는 것 시켰다가 입에 맞지 않으면 돈 아깝잖아.'

'속 편하게 늘 먹던 걸로 먹자.'

이처럼 언제나 먹는 음식만 먹는다면 여행을 충분히 즐겼다고 할 수 있을까요? 입에 맞는 자국 음식점이나 패스트푸드점은 국내에도 얼마든지 있습니다. 그러니 여행을 떠났을 때만큼은 무엇이든 먹어보세요. '무엇이든 먹어보자'는 생각으로 메뉴판에서 하나를 골라 주문을 했더니 생각했던 것과는 전혀 다른 맛이나 의외의 모양을 한 음식이 나왔다고 합시다. 어떤 의미에서는 실패라고 할 수 있지만 그 음식은 강렬한 인상을 주게 되어 언제까지고 기억 속에 남아 있을 것입니다.

함께 간 친구에게, "그때 그 음식은 정말 맛이 없었어. 좀 황당했지?" 하고 많은 시간이 흐른 뒤에도 웃으며 이야기할 수 있을 것입니다. 이렇게 문제를 즐길 줄 안다면 여행 친구로 좋습니다. 일부러 겪을 필요는 없겠지만 어느 정도 문제에 대한 면역력은 필요하다고 생각합니다. 그런 친구와 함께 여행지 곳곳에서 여러 가지 맛의 음식을 먹어보는 등의 경험을 한다면 평생 기억에 남는 여행이 되지 않을까요.

피할 수 없는 일상에서
기쁨 발견하기

똑같이 바쁘더라도 취미활동으로 바쁜 것과 일에 쫓겨서 바쁜 것은 몸에서 느껴지는 피로가 명백하게 다릅니다. 또 같은 일이라도 좋아하는 일을 척척 처리할 때와 싫어하는 일을 억지로 할 때의 몸의 반응은 전혀 다릅니다. 말할 것도 없이 억지로 할 때가 몸도 마음도 훨씬 피곤하지요. 억지로 무엇인가를 하고 있는 사람 옆에 있으면 주위 사람들도 부정적 파장을 받게 되어 피곤해집니다.

'싫다, 싫어', '힘들다, 힘들어'라고 생각하며 억지로 무엇인가를 하려는 때일수록 노력의 힘이 필요합니다.

예를 들어 노인 문제가 그렇습니다. 앞으로 고령화사회가 더욱 심화되면서 많은 가정에서 노인 문제와 마주하게 될 것입니다. 부모님을 모시는 일은 회사 일과는 달리 24시간을 함께 보내지 않으면 안 됩니다. 이 피할 수 없는 일을 '힘들다, 괴롭다'라고 생각한다면 마음이 아주 답답해질 테죠. 그렇다면 어떻게 해야 할까요?

한 여성은 괴롭다고 생각해오던 어머니의 수발을 즐거움으로 바꿀 수 있는 도구를 우연찮은 기회에 발견하게 되었습니다. 그 도구는 바로 사진입니다. 하루는 어머니의 수발을 들던 중 기분 전환을 위해 카메라를 들고 셔터를 눌러보았습니다. 그러자 그때부터 그녀에게 긍정적인 변화가 일어나기 시작했습니다.

평소에 눈에 보이는 것은 늙은 어머니의 치매 증상뿐이었습니다. 하지만 사진으로 순간을 포착해보니 생각지도 못했던 사실을 발견할 수 있었습니다. 평소에는 보이지 않았던 평온하고 단아한 표정의 어머니가 찍혀 있었습니다.

이후 '좀 더 멋진 표정을 찍어볼까' 하며 사진을 찍게 되었고 주위로부터도 좋은 사진이라는 평가를 받기까지 하니까 어머님 수발에도 활력이 생겨나게 되었습니다. 덕분에 숨 막힐 듯한 공기로 가득 차 있던 집안 분위기도 점차 편안해졌습니다.

또 어떤 여성은 컴퓨터로 부모님 수발을 객관적으로 관찰해보았습니다. 그 여성은 직장도 그만두고 부모님을 모셔야 했습니다. 집에서 부모님을 돌보면서 집과 병원 중심의 생활을 할 수밖에 없었기 때문입니다. 시간적으로 많은 구속을 받아서 다른 일을 한다는 것은 꿈도 꿀 수 없었습니다. 도와주는 사람이 없으면 스트레스를 발산하고 싶어도 그럴 만한 시간을 좀처럼 확보하지 못하기도 하고요.

매일 끝이 보이지 않는 간병과 수발을 마주해야 했고, 그 때문에 스트레스가 쌓여갔다고 합니다. 그런 생활 속에서 한 줄기 빛이 되어준 것이 컴퓨터였습니다.

처음에는 심심풀이로 웹 서핑을 하다가 개인 블로그에 부모님 수발 경험을 글로 풀어놓기 시작했습니다. 그것을 통해 일기나 수발 노하우 등을 여러 가지 각도로 소개하자 점차 글을 읽는 사람들이 많아졌습니다.

같은 문제로 고민하는 사람들과 의견이나 정보를 교환했고, 24시간 내내 부모님 수발을 드는 생활도 그렇게 나쁘지만은 않다고 생각하게 됐습니다.

이처럼 사진이나 SNS 등을 매개로 하여 객관적으로 지금의 생활, 지금의 자신의 모습을 바라보면 자칫 우울해지기 쉬운 일상에 변화를 줄 수 있습니다. 피할 수 없는 일상에서 즐거움, 보람, 기쁨, 행복감을 발견해보는 겁니다.

부모님 수발만이 아니라 평범한 일상, 피할 수 없는 일상에 염증을 느낄 때일수록 이런 발상의 전환이 필요합니다. 그 방향 전환의 계기가 되어줄 도구가 지금 당신 가까이에 있을지도 모릅니다.

20퍼센트
자유시간을 만들자

"맞아요. 나는 언제나 좋은 점수를 받아서 부모님이나 선생님을 기쁘게 해줄 일만 생각하고 있었습니다."

완벽주의자들에게 물어보면 대부분 이런 대답이 돌아오곤 합니다. 완벽을 목표로 하는 성향의 토대가 되는 것은 역시 어렸을 때부터의 습관이 많은 영향을 미치고 있습니다.

100점을 받으면 주위에서 좋은 평가와 칭찬을 많이 받기 때문에 열심히 공부하는 데 큰 동기 부여가 됩니다. 이런 습관이 몸에 배어버리면 '꼭 100점을 받지 않아도 된다'

는 말을 들었을 때는 오히려 목표를 잃게 되어 혼란을 초래하게 됩니다.

지금까지는 정해진 답을 암기해서 답안지를 메워나가는 훈련만을 해왔는데 '당신의 창조력에 맡기겠으니 자유롭게 답을 써주십시오'라는 말을 들으면 어떻게 해야 할지를 몰라 혼란스러워지는 것 또한 당연한 일입니다.

100점을 받기 위한 노력을 끊임없이 해온 사람은 여유에 적응하질 못합니다. 그렇기 때문에 "더 이상 100퍼센트에 집착하지 않겠다!"라고 선언을 하더라도 어떻게 하면 좋을지 방황하는 것입니다.

정년퇴직 후의 아버지들이 여가 시간을 잘 활용하지 못하고 고독을 느끼는 것은 흔히 있는 일입니다. 특히 완벽주의자인 성실한 사람들일수록 갑작스럽게 찾아온 여가 시간에 혼란스러워 하는 정도가 큽니다. 넘쳐나는 시간을 어떻게 보내야 할지 갈피를 못 잡습니다.

'쉬어도 좋습니다'라는 말을 들으면 무슨 일을 해야 할지 몰라 불안해합니다. '좀 더 노세요'라는 말을 들어도 어떻게 놀아야 할지를 모릅니다. 100퍼센트 빠르게 전력질주하는 습관이 완전히 몸에 배어 있는 것입니다. 그렇다면 어떻게 해야 이 오래된 습관에서 벗어날 수 있을까요?

100퍼센트 완벽주의와 결별하겠다 선언한다는 것은 관점을 바꿔 말하자면 창조력을 몸에 스미게 한다는 말이기도 합니다.

예를 들어, 지금까지 시간을 100퍼센트 활용하여 전력 투구로 일이나 집안일에 전념해왔다고 합시다. 그것을 80퍼센트로 바꿨을 경우, 시간상으로 말하자면 20퍼센트의 자유시간을 갖게 되는 것입니다. 이 20퍼센트를 만들어내는 것은 나 자신입니다.

'내가 좋아하는 일은 무엇인가?', '직업 말고 지금 내가 하고 싶은 일은 뭐지?'라고 자문해보고 공백 시간을 자유롭게 메우는 훈련을 해봅시다.

운동, 독서, 영화, 여행 등 어떤 일이든 당신이 좋아하는 일을 가장 먼저 해보세요. 여유 시간이 아깝다라는 생각이 든다면 100퍼센트 완벽주의를 아직 완전히 버리지 못했다는 증거입니다.

이 여유 시간을 '어떻게 즐길 것인가?'를 생각하는 일이 분명 일상에 활력을 줄 것입니다. 여유 시간을 소중하게 보내고 있는 사람들은 모두 활기가 넘칩니다. 좋아하는 일을 통해서 잔뜩 긴장해 있던 몸과 마음을 풀어주고, 오롯이 자신을 위해 집중하는 시간을 가질 수 있으니까요.

때로는 감성적으로
세상을 바라보자

한때 매스컴에서도 화제가 되었던 것이 IQ(Intelligence Quotient)에 대응하는 EQ(Emotional Quotient)였습니다. E는 감성, Q는 지수, 즉 직역하자면 '감성지수'가 되는 것입니다.

IQ가 높다고 해서 반드시 성공하는 것은 아니고 훌륭한 인간성을 가지고 있다고도 말할 수 없습니다. 오히려 중요한 것은 IQ가 아니라 그 사람의 인격이나 윤리관 등으로, 그 지표가 되는 EQ입니다. 그런 EQ 중에서 제가 주목하는 몇 가지가 있는데, 다음과 같습니다.

- 자기 기분을 파악하고 스스로가 납득할 만한 결단을 내리는 능력
- 충동을 제어할 수 있는 능력
- 좌절했을 때라도 낙관적인 생각을 버리지 않고 자신을 격려하는 능력
- 타인의 마음을 배려할 줄 아는 능력
- 좋은 인간관계를 유지하는 능력

예전에는 IQ가 우선시되어 EQ를 높이기 위한 교육은 등한시했습니다. 정해진 답을 암기해서 답안지를 메우는 훈련은 열심이어도 마음을 기르는 훈련은 뒷전이었습니다. 하지만 노력주의를 버리고 여유를 즐기기 위해서 절대로 필요한 것이 EQ입니다.

저는 몇 년 전부터 정기적으로 선상 여행을 떠나고 있는데 다른 승객들을 관찰해보면 장시간의 여행에 적합한 사람은 EQ가 높다는 공통점을 가지고 있었습니다. 그도 그럴 것이 여행을 즐기기 위해서는 항상 납득할 만한 결단이 필요합니다. 아침에 일어나서는 바로 아침 기온에 적당한

복장을 정해야 하고, 그날의 몸 상태에 따라 일정을 어떻게 시작할 것인가, 육지로 내려가 관광을 할 것인가 말 것인가 등의 선택을 해야 하기 때문입니다.

'오늘은 좀 추우니까 두꺼운 옷을 입어야겠다.'

'오늘은 속이 조금 불편하니까 아침은 간단하게 먹자.'

이런 식으로 작은 일에도 납득할 만한 결단을 내리지 못하면 하루를 쾌적하게 보낼 수도, 즐길 수도 없습니다. 몸이 좋지 않은데도 다른 사람들을 따라 억지로 식사를 한다면 종일 불쾌감을 느낄 것입니다.

그리고 '다른 사람을 배려하는 마음'이 없으면 일행과 잘 지낼 수도, 새로운 사람과 친하게 지낼 수도 없습니다. 선상 여행에 참가하는 이들은 대부분이 그에 적합한 분들이지만 가끔 EQ가 낮아 배 여행에는 적합하지 않은 사람도 있습니다. 그런 사람의 특징은 '성질이 급하고 화를 잘 낸다', '충동적이다', '완벽주의자로 사소한 일에 집착한다' 등입니다.

역시 지나치게 완벽을 추구하는 사람들은 불평불만이 많고, 작은 실수에도 분노를 느끼는 등 모처럼의 여행을 만끽할 줄 모릅니다. 틈만 나면 '재미없다', '맛없다', '싫다'라고 불평을 하는 사람이 한 명이라도 있으면 다른 여행객들 전부가 영향을 받습니다.

한편, 다른 사람에게 의존하려는 경향이 강한 사람도 주위에 피해를 줍니다. 모든 일에 '여기가 재미있어요', '이게 맛있어요', '선물로는 이게 좋아요'라고 누군가가 신경을 써주지 않으면 움직이지 않는 사람. 여행지가 아니더라도 주변에 한둘은 있지 않습니까?

어렸을 때부터 다른 사람의 지시대로 움직여온 사람은, 스스로 납득할 만한 결단들을 내려야 하는 여행지에서도 자신의 의지대로 행동하지 못하고 다른 사람에게 의존하는 여행을 합니다. 그러면 여유 시간을 제대로 즐긴다고 할 수 있을까요? 결국 혼자서는 느긋하게 앉아서 음료수 한 잔도 마시지 못하고, 이리저리 끌려다닌 기억만 남을 것입니다.

EQ를 높이면 의식적으로 자기 자신을 향상시킬 수 있습니다. 그렇게 되면 틀림없이 100퍼센트 완벽주의에서 벗어나 그 시간을 즐길 수 있는 여유도 생길 것입니다.

어떤 일을 향해서 전력투구의 자세로 노력한다는 것은

물론 멋진 일입니다. 많은 경험을 통해서 자신을 성장시킬 수 있기 때문이지요. 하지만 여유 없이 노력만 한다면 의외로 잃는 것도 많다는 사실을 이제는 아시겠죠. 노력주의를 버리고 잃은 것들에 눈을 돌린다면 그리고 여유라는 편안한 시간에 대해 다시 한번 생각해본다면 틀림없이 조금씩 날이 개어갈 것이라고 확신합니다.

여기서 다시 한번 자신의 모습을 되돌아봅시다. 만약 당신이 지금까지 노력주의로 일관, 쉬지 않고 달려왔다는 사실을 깨닫게 되었다면 의식적으로 그 속도를 줄여보세요.

완벽주의자들은 전속력으로 걷기에만 정신이 팔려서 주위를 둘러볼 여유 같은 것은 거의 갖고 있지 못합니다. 곁에서 보고 있으면 언제나 날카로운 분위기여서 접근하기가 쉽지 않으니까요.

하지만 과감하게 이 태도를 버리면 자아내는 분위기도 눈에 띄게 바뀌기 시작할 것입니다. 당신의 마음속에 생겨난 몇 퍼센트의 여유가 주위 사람들과의 조화를 가져다줄 테니까요.

함께 있으면 왠지 마음이 편안해지는 사람은 여가 시간을 소중하게 생각하며 하루하루의 생활이나 삶을 즐길 줄 아는 사람입니다. 당신이 그렇게 된다면 자석처럼 주위 사람들을 자연스럽게 끌어들일 수 있을 것입니다. 당신에게 그러한 태도와 여유를 배우고 싶어서, 편안함을 전달받고 싶어서 곁에 있겠지요.

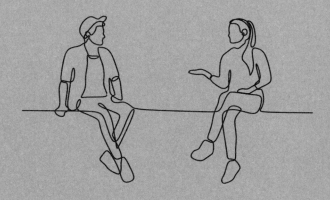

제4장

감정이 풀려야
관계도 풀린다

늘 다른 사람에게
맞추자는 생각

함께 있으면 마음이 편안해지는 사람은 타인의 시선이나 속도 때문에 고민하지 않고 자신만의 속도를 지킬 줄 아는 사람입니다. 이 타름이 확연히 드러나는 것이 휴일에 대한 사고방식입니다. '휴가는 적게, 야근은 많이'라는 것이 열심히 일하는 사람들의 특징입니다. 참으로 열심이지요. 그 반동으로 '좀 더 쉬고 싶다'라는 생각을 품고 있는 사람이 많아지고 있는데 '쉬고 싶어도 쉴 못한다'라는 게 이들의 현실입니다.

성실한 사람일수록 쉬는 것에는 소극적입니다. 다른 사

람이 일하고 있는데 나만 쉬기가 미안하다'라는 식으로 의리를 중시하여 점점 쉬기 힘들어집니다. 성실하게 노력하는 사람은 언제나 '다른 사람의 속도에 맞추자'라고 생각하기 때문에 휴가도 제대로 잡지 못합니다. 그렇기 때문에 '가끔은 휴가를 잡아서 한가로운 시간을 보내고 싶다', '아무 생각 없이 일로부터 도망치고 싶다'라는 소망만 커져가는 것이지요.

유럽 사람들은 휴가를 정말 잘 즐깁니다. '쉴 때는 확실하게 쉰다'라는 점을 철저하게 지키고 있습니다. 휴가 일수도 아시아권 나라와 비교하면 월등히 많고 야근은 적습니다.

이탈리아 사람을 예로 들자면 휴가의 절정기인 8월에는 대부분의 기업이 2~3주일간 휴가를 주기 때문에 사람들이 해변으로 쏟아져 나옵니다. 가게들도 문을 닫고, 출퇴근하는 사람들로 북적였던 길거리도 텅 비어버립니다. 그들에게 일은 언제까지나 자유로운 생활을 즐기기 위한 수단으로, 한도를 넘어서 한다는 것은 있을 수 없는 일입니다.

보통 이탈리아 상점은 월요일부터 토요일까지만 엽니

다. 영업시간은 오전 9시부터 12시 반, 오후는 3시 반부터 7시까지입니다. '오후 영업이 3시 반부터 시작된다고? 굉장히 늦게 시작하는데'라고 생각하겠지만 거기에는 타당한 이유가 있습니다. 그들은 점심 식사 후 일을 시작하기 전에 낮잠을 자는 습관이 있기 때문입니다. '시에스타'라고 불리는 전통으로 상인이나 자유업을 하는 사람들에게 있는 특권입니다.

'그렇게 오랜 시간 쉬면 손님이 불편하잖아'라고 많은 이들이 생각할지 모르겠지만 쉬어야 할 때만 쉬는 것이기에 그들에게는 아무런 문제도 없습니다.

그러나 지금 당장 이탈리아 사람들의 습관을 배워 내일부터 낮잠을 자고, 장기간의 휴가를 잡는 것은 무리입니다. 하지만 그 사고방식을 배우는 것은 가능하지요.

'쉬어야 할 때는 쉬어라.'

'다른 사람들이 일하고 있을 때 쉬어도 상관없다.'

이렇게 생각한다면 쉰다는 사실에 초조함을 느끼지 않아도 되고 짧은 시간 동안의 휴가를 마음껏 즐길 수 있을 것입니다.

늘 다른 사람들의 걷는 속도에 맞출 필요도 없어지고 쉴 때는 자신의 걸음 속도를 가장 우선시해도 상관없는 일이지요. 사고방식이 이런 식으로 바뀐다면 더 이상 '남들이 일할 때 쉰다'는 것에 대한 미안함은 벗어버려도 될 것입니다.

당신의 몸에 배어 있던, 다른 사람의 속도에 맞추는 버릇을 의식적으로 제거하는 것이 인생을 자유롭게 즐길 수 있는, 편안한 사람이 될 수 있는 비결입니다.

휴가는
기분 좋은 날로 고르자

'업무량이 너무 많고 쉬는 날은 너무 적다.'

'제멋대로인 상사와 동료들에게 이제는 지쳐버렸다.'

이런 고민들이 쌓여 회사를 쉬고 싶어졌다고 합시다.

'그렇다면 다른 생각은 무시하고 푹 쉬세요.'

이렇게 말해주고 싶지만 한참 고민이 쌓였을 때 쉰다는 것은 '적절하지 않은 선택'입니다. 그런 정신 상태에서는 쉰다고 해도 머릿속에 있는 고민을 완전히 떨쳐버릴 수 없기 때문입니다. '괴로워서 쉰다'라는 부정적인 생각이 해결되지 않은 상태에서 휴가를 보내면 진정으로 즐기거나 편안하게 쉴 수 없기 때문이지요. 물론 휴식을 취하면 피곤함은 좀 가시겠지만 그다지 쾌적한 휴일이 되지는 않을 것입니다.

여기서 한 가지 제안을 하겠습니다. 기분이 우울한 날을 피해 기분이 좋은 날로 휴가를 한번 잡아보세요.

'오늘은 아침부터 날씨도 좋고 기분도 상쾌하다.'

'일을 한 단락 마무리 지었으니까 마음 편하게 휴가를 잡을 수 있겠다.'

'평소보다 몸이 가벼운걸.'

바로 이럴 때 작정하고 하루를 쉬는 것입니다. 일에 대한 생각은 머릿속 바깥으로 밀어내고 평소 마음에 두고 있던 곳으로 가는 겁니다. 시간에 구애받지 않고 좋아하는 책을 읽거나, 영화를 보는 등 자유시간을 마음껏 즐겨봅시다. 당일치기 여행을 해보는 것도 즐겁겠군요. 회사의 공기와는 다른 공기를 마시러 거리로 나서보세요. 언제나 바쁘게 움직이고 있던 시간대에, 천천히 흘러가는 시간 속으로 몸을 던지면 큰 쾌감을 맛볼 것입니다. 그리고 거기에서 얻은 여유로운 기분을 다른 사람들에게 나눠주는 겁니다.

불행을 퇴치하는
가장 쉬운 방법

어떤 이유에서인지는 모르겠지만 나쁜 일, 싫은 일은 연속해서 일어나는 법입니다. '두 번 일어났던 일은 세 번 일어난다'라는 말이 있는데 네 번, 다섯 번 일어나는 일도 있습니다. 가전제품 하나가 고장 나면 다른 가전제품도 차례로 고장 날 때가 있습니다. 이 정도는 나쁜 일이라고는 할 수 없을 정도의 경미한 일이지만, 그래도 계속된다면 아무래도 기분이 좋지 않지요.

어떤 사람이 어느 날 갑자기 계속되는 고장의 습격을 받았습니다. 추운 아침, 평소처럼 일어나 난방기의 스위치를 눌렀지만 난방기는 꼼짝도 하질 않았습니다.

'지난주에는 TV를 수리했었는데.'

이런 불길한 예감 속에서 바로 수리를 맡겼습니다. 부품을 교환해야 해서 며칠간은 난방기가 없는 생활을 해야만 했지요. 지인에게 전기난로를 빌려왔는데, 그다지 따뜻하지 않아 그만 감기에 걸려버렸고 이틀을 꼬박 누워 있게 된 바람에 기대하던 온천 여행도 포기할 수밖에 없었다는 군요.

사소한 일이라도 한꺼번에 닥치면 '운이 없다', '좋은 일이라고는 하나도 없군'이라며 스스로를 불행한 인간으로, 모든 일을 나쁜 쪽으로만 생각하기 쉽습니다. 이때 그를 구해준 것은 더욱더 큰 불행에 휩싸인 친구였습니다.

들리는 말에 의하면 그 친구는 단 며칠 사이에 자동차 수리 두 번, 반려 고양이가 아파서 입원, 의치 손상, TV 고장, 휴대전화 분실 등 작은 불행들이 연속해서 일어났다고 합니다.

"진짜 어이없지 않아?"

친구와 웃음을 터뜨리며 이야기를 하다 보니 문득 그는 자신에게 일어난 불행이 우습다는 생각이 들었습니다. 그러면서 조금 전까지의 불행했던 기분들은 사라져버렸습니다.

이처럼 자신을 객관적으로 바라보고 한바탕 웃어버리는 것이 가장 손쉬운 불행 퇴치 작전입니다. 불행한 일이 연속해서 일어날수록 '나 참, 간밤에 운을 다 길바닥에 흘리고 왔나'라고 가볍게 웃어넘겨 보세요. 그 웃음이 자신의 마음을 편안하게 해주는 것은 물론, 주위 사람들에게도 편안함을 전해줄 테니까요.

웃음이 나온다면
상처는 치유된 것

어느 누구의 삶에서나 마찬가지지만 상승기류를 탈 때가 있으면 하강기류를 탈 때도 있습니다. 인생이란 그 물결의 반복이라고 해도 과언이 아니지요. 커다란 물결이 반복되는 사람, 작은 물결이 반복되는 사람, 큰 물결과 작은 물결이 번갈아 반복되는 사람…… 사람에 따라서 물결의 크기도 다르고 하강기류가 좀처럼 그치지 않을 때도 있습니다.

세심하게 살펴보면 일주일 단위로 혹은 하루 안에도 그런 물결이 있을 수 있습니다. 하지만 안타깝게도 하강기류를 완전히 피한다는 것은 있을 수 없는 일이지요.

그렇다면 불행한 때일수록 웃음이라는 치료약을 사용해 보세요. 자신을 객관적으로 바라보고 재미있는 부분에서는 마음껏 웃어보는 겁니다.

작은 물결에 휩싸여 '살려줘!'라며 사지를 버둥거리고 있는 자신, 미간에 주름을 잡고서 한숨만 쉬고 있는 자신의 얼굴, 언제나 무엇인가에 쫓겨서 여기저기 뛰어다니고 있는 자신의 모습을 한 발 물러서서 바라본다면 어떻게 보일까요? 자신도 모르게 웃음을 터뜨릴지도 모릅니다. 그렇다면 웃어버리는 편이 아옹다옹 살고 있는 자신을 위해서도 도움이 될 것입니다. 스스로의 힘으로 파도를 넘어설 수 있는 방법이 될 것입니다.

인간관계 때문에 우울해졌을 때도 일부러 한 발 뒤로 물러서서 자신을 관찰해보세요.

'A는 언제나 남의 속을 긁는 말만 한다.'

'어째서 B는 내 험담만 하는 거지?'

이렇게 화를 내거나 한탄하고 있는 자신의 모습을 객관적으로 바라보면, '내가 별것 아닌 문제로 신경질을 부렸구나'라는 사실을 깨닫게 될 것입니다.

만약 스스로가 자신을 이렇게 웃어넘길 수 있다면 그것

은 마음의 상처가 거의 치유되었다는 증거입니다. 시점을
바꾸는 것만으로도 신경질이 웃음으로 바뀔 수 있습니다.

"저도 그래요"라는
말의 효과

지금 거센 하강기류의 물결에 휩싸일 지경에 처했을 때 비슷한 입장에 있는 누군가가 가까이에 있으면 그것만으로도 당신은 도움을 받게 됩니다.

'어째서 내 주위에서만 이런 일들이 일어나는 거야?'

'왜 내게만 이런 일이 닥치는 거야?'

이렇게 기분이 최악의 상태에 빠져 있을 때, "저도 그래요"라고 누군가가 손을 들어준다면 그 한마디로 마음이 조금은 누그러집니다. 여기저기서 손을 들어준다면 훨씬 더 편안해집니다.

"제 친구도 그래요."

이런 말 또한 효과가 있습니다. 어쨌든 동료가 있다는 사실을 알게 되면 그 순간 마음이 한결 편안해집니다.

내가 불행할 때 형편이 나은 친구에게서 힘을 얻는 것도 하나의 방법이 될 수 있겠지만, 마음속에서 '누군가 얘기를 들어줬으면 좋겠다', '이런 기분을 함께 나누고 싶다'라고 생각하고 있을 때는 같은 파장을 가진 친구가 도움이 됩니다. 서로가 "네 기분 이해할 수 있어", "열심히 했는데 그렇게 돼서 속상할 거야"라는 말을 주고받는다면 어깨의 짐을 덜 수 있으니까요.

그런 이해를 바탕으로 이야기를 나눈 후에 서로의 불행을 웃어넘길 수 있다면 가장 이상적인 방법이겠지요. 지금까지 우울했던 마음이 거짓말처럼 맑아질 것입니다.

'이제 더 이상 버틸 수가 없다. 아무하고도 만나고 싶지 않아.'

마음 상태가 더욱더 나빠졌을 때도 역시 마찬가지입니다. 아무하고도 만나고 싶지 않다는 마음을 가지고 있는 사람이나 과거에 그런 마음을 가져본 적이 있는 경험자를 만나야 합니다. 본격적으로 우울증 상태에 빠져버리면 그런 사람들은 대부분이 자신의 병명에 충격을 받아서 '사람들에게 알리고 싶지 않다', '이런 모습은 보이고 싶지 않다', '나는 이 사회와 어울리지 않는 사람이다'라는 생각을 하기 쉽습니다. 완벽주의자일수록 스스로를 책망하며 숨고 싶어 하니까요.

하지만 지금은 우울증에 걸리는 사람이 드문 시대가 아닙니다. 우울증이 아니더라도 과다한 스트레스를 버텨내고 있는 사람들은 얼마든지 있습니다.

신뢰할 수 있는 누군가에게 지금 내 마음이 감기에 걸려 있다는 것을 밝히면 의외로, "나도 그런 적이 있었어" 또는 "내가 아는 사람도 지금 힘들어하고 있어"라는 대답이 돌아올 가능성이 높습니다.

한 사람에게라도 좋으니 지금의 심경을 털어놓아, '그래, 나만 그런 게 아니었어', '우울증에 걸리는 사람이 주위에도 많구나'라는 사실을 깨달으면 큰 위로가 됩니다. 이겨낸 사람의 이야기를 들으면 용기가 생겨나기도 합니다. 공감을 주고받는 것이 마음을 다스릴 수 있는 첫걸음입니다.

'그렇구나'라는 생각이 들면 마음이 한결 편해질 것입니다. 이제 더 이상 뾰족하게 날이 선 파장을 주위로 흩뿌리고 다니지 않아도 될 것입니다. 천천히 자신의 속도로 돌파해 나가면 됩니다.

평소와는 다른 길,
새로운 풍경의 힘

일상에서는 같은 일이 반복됩니다. 거의 매일 같은 시간에 일어나 세수를 하고, 특별할 것 없는 아침 식사를 하고, 직장인이라면 평소와 같은 길을 걸어서 회사에 갑니다. 어제와 완전히 똑같은 오늘이란 존재하지 않지만, 어제와 완전히 다른 오늘 또한 존재하지 않습니다.

매일 여행을 하고 있다면 다를 테지만요, 사회라는 조직 안에서 하나의 역할을 맡아 살아가고 있는 이상 그렇게 쉽게 여행을 떠날 수는 없습니다. 그렇기 때문에 문득 '매일 똑같은 일을 반복하며 살아도 아무렇지도 않단 말인가?'라든지 '좀 더 다른 삶을 선택할 수 있지 않았을까?'라는 의문이 들 때도 있습니다.

일상이 지루하면 무슨 일을 하든지 재미없어집니다. 하지만 단조로운 일상에 작은 변화를 가져다줄 재료는 주위에 얼마든지 널려 있습니다. 가장 쉬운 방법으로는 평소와는 다른 길을 걸어보는 것입니다.

출퇴근이나 등하교길, 장을 보러 갈 때 매일 같은 길, 최단거리나 걷기 쉬운 길만 선택해서 다니고 있을 겁니다. 그 외의 길이라면 선택의 여지는 얼마든지 있습니다. 역까지 가는 길에도 직선 코스가 있는가 하면, 우회해서 가는 길도 있고, 큰길을 따라 나 있는 길, 뒷길도 있습니다.

가끔 평소와는 다른 길을 걷다 보면 집 근처라도 처음 보는 풍경을 발견할 수 있습니다. 굳이 여행을 떠나지 않아도 미지의 세계가 당신 곁에 펼쳐지는 것이지요.

다른 길을 걸으며 '상당히 멋진 건물인데', '이런 가게가 있었네?', '정원이 예쁜데', '무슨 꽃이지?'라는 식으로 발견해 나간다면 단조로운 일상에 변화가 생길 것입니다. 늘 걷던 큰 도로에서 벗어나 뒤쪽으로 난 길을 걸을 때 재활용품점이나 원예점, 자연식품을 판매하는 가게 등 생활에 밀접한 관련도 있고, 그 지역에서만 볼 수 있는 가게를 발견하기도 합니다.

같은 길이라도 자전거로 지날 때와 걸어서 지날 때와는 인상이 다릅니다. 시선의 높이나 속도를 조금만 바꿔도 세상이 변하는 것입니다. 조금 이른 시간에 집에서 나와 역 쪽으로 걸어가보세요. 퇴근길에도 좋습니다. 그러면 그 거리만큼의 미지의 세계를 체험할 수 있습니다.

길뿐만 아니라, 평소와는 다른 각도로 사물을 바라보면 사고가 유연해집니다. 완벽주의자일수록 '꼭 이래야만 한다'라는 생각이 강해서 다른 각도에서 사물을 바라보거나 생각을 바꾸는 것이 서툽니다. A가 좋다고 생각하면 끝까지 A여서, B나 C는 눈에 들어오지도 않습니다. 시야에 넣으려고 하지도 않지요. 따라서 A라는 틀에 맞지 않으면 곧바로 스트레스가 됩니다.

'B씨는 왜 옷차림이 저렇지?'

'C씨는 왜 간단한 일을 가지고 질질 끄는 거야?'

이런 식으로 B, C를 받아들이지 못하고 불만을 품습니다. 하지만 'B도 있고 C도 있다', '특별히 A가 아니더라도 괜찮다'라고 생각한다면 웬만한 일로는 스트레스를 받지 않습니다. 지금까지 용납할 수 없던 일들도 관대하게 받아들이는 겁니다.

언제나 자신의 일밖에 생각하지 못한다면 다른 사람과 잘 지낼 수 없습니다. 사람들 나름대로의 방법, 가치관이 있다는 것을 받아들인다면 스스로도 훨씬 편안해질 것입니다. 우선 내 일상에 작은 변화를 주는 것부터 시작해볼까요?

마음의
면역력을 기르자

아무리 주도면밀하게 인생을 설계한다 하더라도 꼭 그대
로만은 되지 않는 것이 인생입니다.

'그때 그 회사를 선택했더라면…….'

'그 사람과 결혼했더라면…….'

되돌아보면 '왜', '만약'이라는 생각만 커져갈 뿐이지요.
하지만 인생에서 그다지 운이 없는 순간일지라도 사고방
식을 바꾼다면 그것을 긍정적 요인으로 취할 수 있습니다.

예를 들어 '왜' 혹은 '만약'을 '역시'로 바꾸는 것입니다.
'역시 인생이란 그렇게 간단한 게 아니야'라고 여긴다면

'자, 그럼 이제부터는 어떻게 해야 하지?'라며 뒤를 향해 있던 시선을 앞쪽으로 돌릴 수 있습니다.

그리고 좌절이나 실패를 모두 경험이라고 생각하는 겁니다. 사람은 경험을 통해서 많은 것을 배우고, 인간성을 함양할 수 있으니까요. 좌절도 많이 경험해보는 게 삶의 폭을 넓힐 기회로 작용합니다.

좌절을 겪지 않은 인생을 생각해보세요. 유명 대학에 단번에 합격하고, 그 후에는 일류 기업에 별 어려움 없이 취직하는 등 엘리트 코스를 밟은 혹은 그런 사람을 반려자로 얻어 안정된 가정생활을 보장받은 인생입니다. 하지만 이런 사람들은 좌절에 대한 면역력이 없기 때문에 조그만 어려움에도 큰 타격을 받기 쉽습니다. 실제로 엘리트일수록 한 번 좌절을 겪게 되었을 때 무너지는 경우가 많습니다.

반대로 좌절을 경험한 사람은 타격에 강하고 다른 사람의 아픔을 더욱 잘 이해합니다. 이렇게 생각한다면 운이 나쁜 시기도 귀중한 시간으로 삼을 수 있습니다. 경기가 좋지 않을 때일수록, 경쟁이 심할 때일수록 좌절에 면역이 있는 사람들이 힘을 발휘하게 되는 것이 아닐까요?

'위기를 어떻게 뛰어넘을 것인가' 하는 고민은 스릴이 있다면 스릴 있는 것이고, 즐겁다고 생각한다면 즐거운 것입니다. 그리고 한번 스릴을 경험하면 다음에 비슷한 상황에 처해도 그것을 극복할 지혜가 생겨납니다. '그때는 이렇게 해서 실패했으니까 이번에는 이렇게 해보자', '이렇게 하면 같은 실패는 되풀이하지 않겠지'라는 식으로 유연하게 대처할 수 있습니다. 마음의 면역력이 강화되는 것입니다.

'저금해놓은 돈도 거의 다 떨어졌네. 이젠 어떻게 하지?'

'회사에 계속 있을 수 있다는 보장이 없어. 어떻게 하지?'

혹시 지금 당신의 인생도 '어떻게 하지?'의 연속이 아닌가요? 하지만 곤란을 뛰어넘을 때의 힘은 '아무런 불안감도 없는 상태'에서는 얻을 수 없습니다. 그러하기에 인생은 적당한 불안이 있을 때 즐거워지는 것입니다.

단점을 있는 그대로
인정하는 것

누군가에게 비판을 받으면 아주 기분 나빠하는 사람이 있습니다. H는 지금까지 친하게 지내고 있던 사람들과 차례로 연을 끊는 것으로 유명한 사람입니다. 심지어 사내에서까지도요. 상대가 무엇인가를 비판하면 그것을 계기로 스스로 관계를 딱 끊어버리는데, 누가 보더라도 절교할 만큼 대단한 것도 아닙니다.

'C에게 휴대전화 사용에 대해서 주의를 받았다.'

'D에게 성격상의 문제를 잠깐 지적받았다.'

이런 정도의 충고로 "어이없어, 더 이상 저 사람과는 상대하고 싶지 않아"라고 말해버리는 것입니다. 이런 말을 들은 C와 D는 그저 놀랄 따름입니다.

정치가나 유명인 중에도 비판을 받으면 곧바로 화를 내는 사람이 있는데 '잘 보이고 싶다'는 마음 때문입니다. 또 자신의 정체가 전부 드러날까봐 두려워하는 마음의 표출이기도 합니다. 그렇기 때문에 자신을 원하는 대로 봐주지 않으면 화를 내거나 마음속에 앙심을 품게 되지요.

하지만 입으로는 '언제나 완벽한 나를 봐주십시오'라고 말한다 해도 상대의 눈에 비치는 모습을 속일 수는 없습니다. A를 C라고 생각하라고 해봐야 그렇게 될 리가 없는 것처럼, 계속 강요하면 무리한 주문일 뿐입니다.

'잘 보이고 싶다'라는 소망이 지나칠 정도로 강하면 사람들에게 비판을 받을 때마다 원수를 삼아야 하고 몇 번이고 절교를 해야만 합니다. 결과적으로 인간관계가 좁아지는 것입니다. 여기서도 80퍼센트 사고가 필요합니다. "나는 완벽한 사람이 아닙니다. 80퍼센트에 불과하지만 나를 봐주세요"라고 당당하게 부족한 부분을 인정하는 태도를 보인다면 내 마음도 편하고, 다른 사람들에게도 더 친근해 보일 겁니다.

다른 사람에게 비판받았을 때 자신도 이미 알고 있는 사실이라면, "맞아, 내가 원래 좀 그런 면이 있지"라고 받아들여 보세요. 그러면 그 단점은 큰일이 아니게 됩니다. 그 시점에서 마음속에 품고 있어야 할 일은 자연히 없어지는 것이지요.

자신의 단점을 있는 그대로 인정한다면 매일을 기분 좋게 보낼 수 있을 것입니다. 악의 없는 험담을 듣고 마음에 둔다면 그것은 시간 낭비입니다.

울고 싶을 때는
마음껏 울어버려라!

아기들에게 울음은 유일한 커뮤니케이션 수단입니다. '배가 고프다', '아프다', '피곤하다', '좀 더 관심이 필요하다' 등 갖가지 생각을 여러 가지 울음으로 표현합니다.

울지 않으면 불쾌함을 제거할 수도, 요구에 대한 반응을 얻어낼 수도 없기 때문에 본능적으로 우는 것입니다. 아기들을 보고 있으면 우는 것이 인간에게 아주 중요한 감정표현 수단임을 알 수 있습니다.

아기들은 참을 줄 모르기 때문에 엄마가 아무리 바빠도, 한밤중이라도 울고 싶을 때는 사정없이 울어댑니다. 하지만 사람은 성장해가면서 점점 울지 않게 되지요. 의사소통을 배우고, 울음 이외의 희로애락의 표현법을 배우고, 거기에 인내하는 법도 익힙니다.

'사람들 앞에서 우는 것은 창피한 일이다.'

'남들에게 우는 모습은 보이고 싶지 않다.'

이런 생각 때문에 눈물을 참고 감정을 자제하는 것입니다. 슬픔의 눈물, 분노의 눈물, 감동의 눈물, 기쁨의 눈물 등 눈물에도 여러 종류가 있지만 어떤 것이든 치밀어 오르는 눈물을 참는다면 건강에 해롭습니다. 넘쳐나려는 감정에 뚜껑을 덮어버리는 것이기 때문에 감정의 여운이 어정쩡하게 남아버리지요.

반대로 마음껏 울었을 때의 느낌을 떠올려보세요. 영화를 보고 감동받았을 때, 책에서 마음을 건드리는 문장을 읽었을 때, TV 다큐멘터리 방송을 봤을 때 갑자기 눈물이 줄줄 흐를 때가 있습니다. 참지 않고 눈물을 흘린 후의 기분이 어땠나요? 마음껏 눈물을 흘린 뒤에는, 쌓여 있던 감정을 한꺼번에 쏟아버린 것처럼 상쾌한 기분이 들지 않았나요?

울고 난 뒤의 느낌은 마음껏 웃고 난 뒤의 느낌과도 닮아 있습니다.

우리가 진심으로 '아하하' 크게 웃고 나면 회사나 집에서 좋지 않은 일이 있었다 하더라도 단번에 근심 걱정이 사라져버립니다. 마음속의 응어리가 풀립니다. 마음껏 울고 난 다음에도 이와 같은 변화가 일어납니다. '운다'는 행위를 통해 자연스럽게 스트레스를 발산하고, 마음의 균형을 유지하는 것입니다.

희로애락은 인간의 원시적인 감정입니다. 이것을 억누르기만 하면 체내 감정의 응어리가 증대해서 자신도 모르는 사이에 스트레스가 쌓이는 것입니다. 회사에서 울고 싶을 만큼 분한 일이 있었다면 마음껏 울 수 있는 영화를 보며 눈물을 흘리세요. 다른 것은 생각하지 말고 마음껏 울어버리면 분한 마음이 상당 부분 풀릴 것입니다. 이렇게 감정을 발산한 후에는 마음에도 여유가 생겨 주위 사람들에게도 편안함을 전해줄 수 있을 것입니다.

감정은 그대로 흘려보내는 것이 중요하다

'울음'과 '웃음'은 언뜻 보기에는 정반대의 감정표현처럼 보이지만 실은 하나의 선으로 묶을 수 있습니다.

먼저 웃음에는 몇 가지 등급이 있습니다. 쓴웃음은 감정이라는 계기의 바늘이 조금밖에 움직이질 않지만, 등급이 점점 올라가 배가 아플 정도의 웃음이 되면 계기의 바늘이 부러질 정도가 되어버립니다. 배를 움켜잡고 웃을 때면 어느새 당신 눈에는 눈물이 고여 있지 않습니까? 눈물이라는 것은 슬픔의 상징입니다. 하지만 웃음도 극에 달하면 눈물이 나오게 되잖아요.

영화를 볼 때는 웃음과 울음을 반복하며 끊임없이 눈물을 흘립니다. 이해하기 힘든 현상이지만 웃음과 울음이라는 두 행위는 동전의 양면과도 같은 관계라고 생각하면 됩니다. 웃음의 끝에는 눈물이 있는 것, 결국 인간의 가장 원시적인 감정은 하나의 선으로 연결되어 있습니다. 따라서 마음껏 웃거나 울거나 해서 감정을 밖으로 표출하면 똑같이 상쾌함을 얻을 수 있습니다.

한때 책이나 잡지 타이틀에 자주 쓰이던 문구가 '피를 맑게'입니다. 더러운 피가 몸속에 흐르면 혈관의 노화를 촉진시켜서 여러 가지 성인병의 원인이 된다는 것입니다. 그렇기 때문에 혈액을 언제나 맑은 물처럼 깨끗하게 해두자는 것이지요. 깨끗한 피가 막힘 없이 흐르는 모습은 상상하는 것만으로도 기분이 좋아집니다.

감정도 마찬가지입니다. 사회생활을 하다 보면 여러 가지 규칙에서 제약을 받기 때문에 자신의 입장이나 역할에 따라서 희로애락의 감정을 제어해 나가지 않으면 안 됩니다. 즉, 스스로가 감정을 막아버리는 것입니다.

하지만 하고 싶은 말을 못 하고 언제나 참고만 있으면 감정도 더러워진 피처럼 굳어져 곧 통로가 막혀버리고 맙니다. 그렇기 때문에 저는 다시 한번 제안하고 싶습니다.

'울고 싶을 때는 마음껏 울어버리고, 웃고 싶을 때는 마음껏 웃어버리자'고.

마음을 해방시키는 방법에는 여러 가지가 있지만 이 원시적 감정을 소중히 여기는 방법이야말로 가장 손쉽고 효율적인 방법일지도 모르겠습니다. 가능한 한 감정을 솔직하게 표현하는 것이 무리하지 않고 자신을 드러낼 수 있는 방법의 기본입니다.

이렇게 자신의 감정을 있는 그대로 흘려버린다면 다른 사람에게도 관대해져서 상대의 감정도 더욱더 깊이 이해할 수 있습니다.

제5장

나와 관계를 위한
마음의 균형 찾기

나를
긴장에서 해방시키자

이번 장에서는 제가 실천하고 있는 어깨 힘을 빼는 방법, '적당히'를 즐기는 방법에 대해서 이야기해보겠습니다.

제가 좋아하는 말 중 하나가 《예기》에 실려 있는 '일장일이(一張一弛)'라는 말입니다. '긴장과 이완'을 의미하는 말로, 어떤 일에서든 긴장과 이완이라는 양쪽의 균형을 잘 잡는 것이 중요하다는 말입니다.

얼마 전에 학회에서 인사말로 이 말을 사용했습니다. 학회 때는 모든 사람이 극도로 긴장한 상태인데, 잘 마무리지었으니 '마음 편하게 보냅시다'라고 환기시킨 것입니다.

저는 늘 일장일이를 마음속에 두고 생활하고 있습니다. 긴장 후에는 편안한 시간을 반드시 가지려 하고요. 일을 마치고 집으로 돌아오면 밤 시간에는 천천히 술잔을 기울이며 몸을 쉬게 합니다. 그때는 일에 관한 것은 머릿속에서 지워버리고 좋아하는 비행기와 관련한 취미 세계에 빠지지요.

고무줄을 계속 잡아당기면 언젠가는 끊어져 버리듯이 사람도 긴장 상태가 계속되면 이와 마찬가지의 일이 생깁니다. 휴식도 수면도 취하지 않고 전력을 다해서 공부나 일을 계속한다면 어떻게 될까요? 전력질주는 오래 지속하기 어렵습니다. 아무리 일을 열심히 해도 언제나 만족할 만한 결과가 나온다고 볼 수도 없고요. 그럴 때일수록 잔뜩 긴장하고 있는 자신을 해방시켜 줄 수 있는 좋아하는 취미활동 등의 놀이 시간을 선물해보는 것입니다.

저는 '취미는 많을수록 좋다', '취미가 없는 인생이란 따분한 것이다'라고 생각하기 때문에 앞으로도 더욱 취미를 즐길 생각입니다. 취미가 없는 인생이란 다시 말하자면 즐기지 못하는 인생입니다. 취미에 몰두하는 시간은 육체적으로도 정신적으로도 당신의 건강에 도움이 될 것입니다. 따라서 그 시간을 결코 낭비라고 생각하지 말아주세요. 항상 같은 길로 가다가 잠시 곁길로 가보는 시간을 충분히 갖는다면 당신도 모르는 사이에 인생의 깊이가 느껴질 겁니다. 함께 있으면 마음이 편안해지는 사람일수록 이것에 대해서 아주 잘 알고 있습니다.

아래를 보고
걸어보자

제게는 '아래를 보고 걷는 남자'라는 조금 우스운 별명이 있습니다. 글자 그대로 자주 아래를 보고 걷기 때문입니다. 이렇게 말하면 고개를 숙이고 외롭게 터벅터벅 걸어가는 모습을 상상하실지도 모릅니다. 하지만 저는 아래를 보고 걸으면 왠지 가슴이 두근거립니다. '뭔가 재미있는 것이 없을까?'라며 주울 만한 물건을 찾고 있기 때문입니다.

이때는 지면에 시선을 고정하고 천천히, 천천히 걷습니다. 물론 도심에서는 위험하기 때문에 대부분은 집 근처 산을 산책할 때 아래를 보고 걷습니다.

정신을 집중해서 땅을 보고 있으면 의외의 것들이 떨어져 있습니다. 호기심을 가장 자극시키는 것은 식물입니다. 희귀한 씨앗이나 나무열매를 발견하면 '이 녀석의 정체는 뭘까?'라는 참을 수 없는 궁금증이 샘솟아 집에 가지고 와서 정원에 심어둡니다. 잊힐 때쯤 돼서 싹이 트고 드디어 그 녀석의 정체를 알게 됩니다. 그 작은 씨앗을 가지고 돌아온 덕분에 상당히 긴 시간 동안 즐거움을 누릴 수 있는 것이죠. 제 정원에는 이런 식으로 해서 크게 자라난 식물들이 아주 많습니다.

종종 여행지에서도 아래를 보고 걸어봅니다. 독일에서 씨앗을 가져온 적이 있는데, 그것도 지금은 훌륭한 나무로 성장해 있습니다. 그 나무를 보고 '그래, 이 씨앗을 주운 곳은 자연 풍경이 아름다웠어', '그 독일 여행 때는 이런 일이 있었고, 이런 사람들과 만났었는데……'라며 그때를 회상하는 것도 즐거움 중 하나입니다.

아래를 보고 걷는다는 것은 다시 말하자면 다른 각도에서 세계를 바라본다는 것입니다. 그렇게 하면 물건을 줍는 일뿐만 아니라 의외의 발견을 할 때도 있습니다. 계절에 따라서 주위 경관뿐만 아니라 땅의 풍경도 바뀌고 색채도 바뀝니다. 자세히 관찰하다 보면, 시간의 흐름에 따른 변화가 눈에 들어옵니다. 돈도 들지 않는 이러한 놀이가 제 삶의 속도에 변화를 주는 하나의 방법입니다. 걷는 속도와 시점을 바꾸면서 빡빡한 일상을 보내느라 쌓인 스트레스와 긴장을 풀고 편안하게 보낼 수 있는 것이지요.

　최근 산책하는 것이 좀 귀찮아진 저는 먹은 과일 씨앗의 싹을 틔우는 새로운 놀이를 발견했습니다. 가장 마음에 드는 것은 비파입니다. 비파는 씨앗을 뿌리면 대부분이 싹을 틔우는데, 지금까지의 경험으로는 언제나 성공했습니다. 시간이 날 때 한번 해보세요. 베란다에 작은 화분들을 죽 늘어놓고 거기에 어제 먹은 귤, 오늘 먹은 포도의 씨앗을 하나씩 심어보는 것도 재미있습니다.

　제가 알고 있는 어떤 사람은 이 방법으로 열매를 맺지 않는 포도나무를 키웠다고 합니다. 그도 저와 마찬가지로 씨앗을 보면 그냥 지나치지 못하는지, 어느 날엔 도토리를 2미터나 되는 나무로 키웠다는 소식에 놀라지 않을 수 없었습니다. 저도 '다음에는 도토리에 도전해볼까?'라고 조용히 마음먹었습니다.

물론 싹이 전혀 트지 않는 씨앗도 있습니다만 싹이 튼 다음에는 어떻게 될까를 관찰하면서 기다리는 일도 나름 즐거운 시간이 아닐까요?

버린다면 씨앗의 일생도 그것으로 끝입니다. 어쨌든 싹이 트면 그것도 한동안 즐거움이 되고요. 산책할 시간이 좀처럼 나지 않는 분들이라도 이런 놀이를 즐겨보세요. 언제라도 실천할 수 있습니다.

누구에게나 권하고 싶은
관찰의 재미

저는 기록하는 것을 좋아합니다. 오랜 세월 끊임없이 반복하는 동안 무엇이든 메모하는 버릇이 몸에 배어버렸습니다. 예전부터 일기장 겸용으로 쓰고 있던 수첩의 개수만 봐도 그 사실을 잘 알 수 있습니다. 거기에는 그날의 예정이나 일어난 일들이 빼곡하게 적혀 있습니다.

'오늘은 이런 물건을 샀다', '이런 음식을 먹었다', '이런 사실을 발견했다' 등 일상에서 일어나는 자잘한 일들을 최대한 상세하게 기록하는 것입니다. 그 어떤 수첩을 보더라도 공백을 찾아볼 수가 없습니다. 덕분에 기억에서 완전히 사라졌던 수십 년 전의 일들도 수첩을 펼치면 한순간에 되살아나곤 하지요.

이 기록 귀신, 메모 귀신 체질은 틀림없이 유전이라 여겨집니다. 아버지 또한 유명한 메모 귀신이었기 때문입니다. 아버지는 수첩은 목숨과도 같은 것이라고 생각하셨고, 언제나 몸에 지니고 다니셨습니다. 거기에는 작사나 수필을 위한 메모가 빽빽하게 들어차 있었기 때문에 잃어버리는 날에는 한바탕 소동이 일어나곤 했습니다.

한번은 이런 일이 있었습니다. 어느 산간에서 수첩을 분실하신 아버지는 심하게 동요하는 모습을 보이시다가 수첩을 찾는다는 내용의 전단을 제작하여 전봇대에 붙이는 등 대수색 작전을 펼치셨습니다. 가까스로 수첩을 찾은 뒤에 아버지는 더욱 소중히 여기셨습니다. 이 사건으로 수첩에 대한 아버지의 애착을 여실히 깨달을 수 있었습니다.

저 또한 수첩을 항상 몸에 지니고 다니는데, 아버지와 저의 수첩 사용법은 언뜻 보기에도 아주 닮아 있습니다. 의식적으로 그렇게 한 것은 아니라도 자연스럽게 영향을 받았겠지요. 우리 두 사람은 대부분 긴 일기는 쓰지 않습니다. 대신 쓰고 싶을 때는 언제든 꺼내 메모를 합니다.

'써야만 한다'는 의무감은 전혀 없습니다. 수십 년 동안 하루도 빠짐없이 쓸 수 있었던 것은 쓰지 않으면 마음이 놓이지 않아서였고, 그렇게 쓴, 작은 글자가 빽빽하게 들어찬 수첩이 해를 거듭하면서 늘어난 것입니다. 무리는 전혀 하지 않았습니다.

'일기를 쓰려고 마음먹어도 작심삼일이다'라는 분들은 처음부터 일기를 쓰기 위해 무리하지 말고 작은 수첩에 메모하는 일부터 시작해보세요.

자유롭게
메모하는 즐거움

메모 귀신인 제 피가 부글부글 끓어오를 때가 바로 여행을 떠났을 때입니다. 비행기에 탑승하면 저는 바로 기록 작업에 돌입합니다. 편명과 기종, 좌석번호, 출발시간 그리고 식사 메뉴에서 화장실에 놓여 있는 비품에 이르기까지 항공 관련 정보만으로도 적어야 할 것들은 무수히 많습니다.

'오늘 탄 A 항공기 기장의 이름은······.'

여기까지 적은 다음, 때로는 스케치까지 하기 때문에 늘 지니고 다니는 수첩만으로는 부족할 때가 있습니다. 그럴 때는 여행용 수첩을 한 권 준비해서 마음껏 기록합니다.

'일어난 일은 무엇이든 빠짐없이 적어보자.'

'지금부터 어떤 일이 일어나려나.'

마음껏 사용할 수 있는 새 수첩을 펼치는 순간 신이 납니다. 호텔에 도착하면 방의 생김새, 냉장고와 TV, 어매니티, 무엇을 마셨는지, 무엇을 먹었는지, 호텔 사람들의 서비스는 어땠는지 등을 차례로 메모합니다.

가끔 시선이 의외의 장소에 멈추는 경우가 있는데 그것은 욕실의 샤워기일 때도 있고 헤어 드라이어일 때도 있습니다.

'이 호텔의 샤워기는 고정형이 아니고 조절이 가능한 것이군. 물은 잘 나오나? 바로 틀어볼까?'

이런 식으로 메모의 내용도 점점 늘어나게 됩니다. 관광에 관한 내용은 물론, 아내와의 대화나 말다툼의 원인까지 체험한 일들을 전부 빠짐없이 기록해 나가면 눈 깜짝할 사이에 수첩이 채워지곤 합니다.

노파심에서 하는 말이지만 저는 이 여행일지를 누군가에게 보여주거나 발표하고 싶은 마음은 전혀 없습니다. 목적이 있어서가 아니고 쓰고 싶기 때문에 쓰는 것입니다. 취미활동의 일환입니다.

그리고 취미에 몰두한다는 것은 최고의 기분 전환법입니다.

만약 여행지에서 어느 누군가가 '아무것도 기록하지 말고 편안히 쉬십시오'라고 명령한다면 어떻게 될까요? 오히려 욕구불만에 빠지게 될 것입니다. 기록이야말로 제게는 힐링입니다. 특히 여행일지는 완전히 기분 전환을 했다는 증거입니다. 여러분도 여행지에서 하루를 마친 후에 노트나 스마트폰에 감상을 메모해보면 어떨까요?

꼭 메모가 아니어도 다른 것에서 즐거움을 찾아도 좋습니다. 거기서만 파는 기념품을 사서 집에 장식하든지, 날짜별로 사진을 정리해서 인화한다든지 나름의 방법으로 자유롭게 즐거웠던 기억을 간직해보세요.

무리하게
결심하지 않는 것

일정한 나이가 되면 건강이라는 두 글자가 마음에 걸립니다. 20대에는 대부분 이것에 신경을 쓰지 않지만 30~40대 정도 되면 점차 건강이라는 단어에 민감해집니다.

저는 마흔둘에 과로로 쓰러진 뒤부터 건강을 위해서 담배를 끊었습니다. 그러자 갑자기 살이 찌기 시작하더니 몸무게가 83킬로그램이나 나가더군요. 이대로는 안 되겠다 싶어서 스포츠센터에 다니기 시작했고, 한때는 이틀에 한 번씩 다니기도 했습니다. 일흔이 넘어서도 계속해서 스포츠센터에 다니다가 지금은 가끔 산책하는 정도일 뿐 특별하게 계속하고 있는 운동은 없습니다.

"선생님의 건강 비결은 뭔가요?"

이런 질문을 자주 받는데 유일하게 하나 들 수 있는 것이 아침 식사 메뉴입니다. 아내가 권하는 대로 우메보시(매실을 소금에 절여 말린 것) 한 개, 바나나 반 개 그리고 설탕을 넣지 않은 단팥죽을 하루도 거르지 않고 먹고 있습니다. 바나나와 단팥죽은 염분을 없애주는 효과가 있다고 합니다. 고혈압 등의 성인병 예방이 가능하지요.

식사는 기본적으로 아침과 저녁, 두 번으로 하고 점심에는 우유를 한 잔 마십니다. 조금만 많이 먹어도 금방 살이 찌기 때문에 식사에 관해서는 엄격하게 관리하고 있지요. 하지만 맛있게 먹는 것, 즐겁게 먹는 것은 훌륭한 기분 전환법이 되기 때문에 무엇이든 맛있게 먹으려고 노력합니다.

운동에 관해서는 지나치게 건강에 신경을 써서 '하루에 꼭 몇 킬로미터를 걷겠다'라는 식으로 결심을 하면 오히려 부담이 되어 걷기 전부터 피곤해지더군요. 따라서 무리한 결심은 하지 않기로 했습니다.

사실 저는 많은 병을 끌어안고 있습니다. 예전부터 전립

선에 지병이 있어서 수술도 받았고 무릎이 아파서 무릎을 꿇고 앉을 수가 없습니다. 나이가 나이니만큼 여기저기가 쑤시더군요.

그렇다고 위축돼서 너무 몸을 아끼면 집에만 있어야 합니다. 여행도 갈 수 없지요. 여행을 그만두면 숨 돌릴 방법이 없어지기 때문에 본격적인 환자가 되거나 치매에 걸릴 가능성도 높아집니다. 따라서 시간과 몸이 허락하는 한 여행을 즐기고 있습니다.

여행지에서 일어날지도 모르는 만약의 사태를 생각한다면 불안을 느끼게 하는 재료는 얼마든지 있습니다.

여행의 피로함으로 병이 악화될 우려도 있고 여행지에서 새로운 병에 걸릴지도 모릅니다. 하지만 아직 일어나지도 않은 일을 걱정해서 아무것도 실행하지 못하는 것만큼 우스운 일도 없지 않습니까.

'다 잘 풀릴 거야.'

모든 일을 심각하게 생각하지 않는 것이 중요합니다.

먼저 웃으면
마음도 따라 웃는다

사회생활을 하다 보면 누구에게나 감정을 억제하지 않으면 안 되는 순간이 있습니다. 완전히 피한다는 것은 애초부터 불가능한 일이지요. 하지만 고민, 불안, 슬픔, 노여움 등 부정적 감정이 허용량을 넘어 축적된 경우에는 얼른 방법을 써서 줄이지 않으면 몸과 마음에 지장이 생기고 맙니다.

우울한 기분이 계속되면 몸에서 암이나 바이러스로부터 몸을 지키기 위한 면역 시스템이 제대로 작동하지 않습니다. 마음과 뇌의 역할에는 그만큼 밀접한 관계가 있기 때문에 너무 우울한 상태라면 견딜 수가 없습니다. 그렇기에 평소에 감정을 잘 소화해야 하는데, 제가 쓰는 방법 중 가장 쉬운 하나는 '어쨌든 웃자'입니다.

"우울할 때 웃으라니 말이 됩니까?"

이렇게 말할지도 모르겠습니다만 어쨌든 웃음을 지어보는 것입니다. 우스워서 저절로 웃음이 나서 웃는 일은 흔하지만, 그 반대로 웃으면 재미있어지고, 즐거워지는 경우도 있습니다. 이것을 실증한 유명한 연구가 있습니다.

예일 대학교의 슈왈츠 교수는 전기 자극으로 사람의 근육을 움직여 웃음을 짓게 하는 실험을 행했습니다. 그러자 사람들은 단순히 얼굴에만 웃음이 떠오른 게 아니라 마음까지 즐거운 기분이 들었다고 합니다. 반대로 슬픔을 느낄 때 움직이는 근육을 자극하자 왠지 슬픈 기분이 들었다고 합니다.

그렇습니다. 표정에 의해 감정도 변하는 것입니다. 기분이 우울해졌을 때는 어쨌든 활짝 웃어봅시다. 처음엔 어색하더라도 점차 익숙해져서 기분도 한결 나아지고 인상도 친근하게 바뀌는 효과까지 있습니다. 면역 세포도 활발하게 활동하게 되어 체내 병원체에 대한 공격력이 높아집니다.

이렇게 해보세요. '유머 룸'이라는 방을 만들어서 거기에 웃음을 위한 도구들로 채우는 겁니다. 책이나 TV, 게임기 기 등 어떤 것도 좋습니다. 병원이 아니더라도 유머 룸은 누구나 간단하게 만들 수 있습니다. 스스로가 금방 웃을 수 있는 도구를 엄선해서 가까이에 두고 우울해졌을 때 그것을 활용하면 되는 것입니다. 재미있는 장난감이어도 좋고, 재미있는 일러스트여도 좋고, 멍청한 얼굴을 한 인형이나 장식품도 상관없습니다.

좀 더 큰 웃음을 원한다면 누군가를 만나러 가는 것도 하나의 방법입니다. 웃음이란 전염되는 것입니다. 유머 있는 친구와 만나 이야기를 하면 어느새 얼굴이 펴지고 웃음을 짓게 됩니다. 잠시 함께 있는 것만으로도 우울한 기분은 금세 어디론가 사라져버릴 것입니다.

만약 "나는 괴로워하고 있는데 저런 농담이나 즐기다니!"라며 화를 낸다거나, "지금은 웃을 기분이 아니야"라며 오히려 기분이 나빠진다면 잠시 생각을 멈추고 그저 웃어봅시다. 나중에는 왜 그렇게 우울해했는지 까맣게 잊어버리게 될 겁니다.

웃음을 전해주는 친구는 소중한 자산입니다. 내게 이런

친구가 있는 것도 좋지만 내가 이런 친구가 되어준다면 어떨까요? 그러려면 내가 먼저 부정적 감정을 떨쳐내는 방법을 아는 사람이 되어야 합니다. 웃으면 웃을수록 몸 세포의 움직임이 활발해지기 때문에 '화를 내는 것보다 웃는 게 득'이라는 생각이 들 것입니다. 웃음이라는 천연의 약이라면 언제라도, 누구라도 처방 가능합니다.

말 대신 글로 쓰면
분노가 쌓이지 않는다

이렇게 말하는 저 역시 화가 날 때는 쉽사리 웃음을 지을 수가 없습니다. 그럴 때는 이렇게 합니다. 바로 기록을 하는 것이지요. 그렇습니다. 메모 귀신인 저는 노여움이라는 감정도 얼른 기록을 합니다. 단, 요령이 필요합니다. 울컥 치밀어 오를 때는 그 감정 그대로 기록하고 그것을 비밀스러운 상자에 던져 넣는 것입니다.

'이런 제길!', '바보 같은 녀석'이란 말이라도 좋습니다. 무엇을 적든 자유입니다. 그다음이 중요한데 아무도 보지 않는 곳으로 그 종이를 재빨리 격리해야 한다는 것이지요.

아내의 한마디에 화가 났을 때, 직장 상사 때문에 화가 났을 때 저는 이런 식으로 종이에 화풀이를 해서 기분을 전환합니다. 덕분에 노여움이나 미움의 감정을 마음에 지니지 않게 되었습니다. 말을 하지 않는 게 좋다고 판단될 경우에는 말을 하지 않고 글로 쓰는 것입니다.

이 방법은 제가 젊었을 때 고안해낸 스트레스 발산법으로 자신에게도 상대에게도 원만한 해결책이 된다는 것을 경험을 통해서 확인했습니다.

원인은 어머니였습니다. 자유분방한 성격으로 말하고 싶은 것이 있으면 아무런 스스럼없이 말씀하시는 어머니는 당시 제게는 천적과도 같은 존재였습니다. 어머니와 대화를 할 때마다 울컥 감정이 치밀어 오르는 말들을 아무렇지도 않게 하시는데, 그것에 하나하나 반론을 하면 싸움이 되고 말았습니다. 그렇다고 참고만 있으면 불만이 쌓여서 그야말로 감정의 앙금만 남아 괴로워질 테고요.

그래서 기록하기로 마음을 먹었습니다. 그것도 자세히 '몇 월, 몇 일, 몇 시경, 이런 이유로 어머니와 말다툼을 하고 이렇게 화가 나서…….'

이상하게도 기록을 하며 객관적으로 싸움의 상황이나

자신의 감정을 따라가다 보면 노여움이 점점 웃음으로 바뀌게 되더군요. 정말 하찮은 일로 화를 냈다는 사실을 깨닫게 되는 계기도 되고요. 잠깐의 기록이라는 마법으로 마음은 평정을 되찾을 수 있습니다.

1일 1분노
일기 쓰기

메모만으로는 성에 차지 않을 정도로 화가 났다면 그 기분을 길게 편지로 쓰는 것도 하나의 방법입니다.

"화가 나는 일이 있으면 편지를 쓴다."

무라이 미사오의 책 『사람을 움직이는 힘』에 담긴 제안입니다. 화가 나서 울컥 치밀어 오를 때는 그 울분을 잊기 전에 충고의 편지를 쓰는 것이 좋은 방법이라는 것이지요. '편지에 울분을 토로하려거든 상대와 연을 끊을 각오를 해야 한다'라고 생각할지도 모르지만, 아닙니다. 그럴 필요는 없습니다. 그 편지는 부치지 않을 것이기 때문입니다.

편지를 보관하고 있다가 2, 3일이 지난 후에 다시 한번 읽어봅니다. 그렇게 하면 대부분이 '아, 역시 보내지 않기를 잘했어'라고 안도의 한숨을 내쉬게 됩니다. 동시에 울분도 가라앉았고 상대와의 관계도 그대로 유지되는 것이지요.

보통 누군가에게 화가 나는 상황은 매번 다르지 않고 비슷할 때가 많습니다. 예를 들어 직장 상사 D가 한 번만 부탁한다면서 벌써 여러 번 자기 업무를 당신에게 토스했다든지, 친구 S가 지난번에 이어서 또 약속 시간에 지각을 했다든지. 세부적인 내용은 조금씩 다르겠지만 화가 난 원인은 같습니다.

이런 부분에 대해서 글로 적어보면 화난 이유와 감정이 정리되어, 다음에 같은 상황이 찾아왔을 때 폭발하지 않고 논리적으로 상대와 이야기해볼 수 있습니다.

그 외에도 글로 발산할 수 있는 방법은 얼마든지 있습니다. '1일 1분노 일기', 즉 험담 전용 노트를 준비해서 일기처럼 적어보는 것도 한 방법입니다. 직장 상사 D에 대한 험담, 친구 S에 대한 불만 등 그곳에는 무엇이든 자세하게 끝까지 적는 것입니다.

이렇게 하는 목적은 부정적 감정을 잘 털어내기 위해서입니다. 처음에는 감정을 되짚어보고 글로 몇 줄 적는 것도 어려울 수 있습니다. 점차 긍정적인 방향으로 이끌어가면 됩니다. 물론 불만을 말로 확실하게 표현하는 것도 중요합니다만 화가 머리 꼭대기까지 차올랐을 때는 논리적으로 말하기도 어렵고 실수하기 쉽습니다. '아뿔싸' 해도 엎지른 물은 다시 주워 담을 수 없습니다. 그러니 우선 종이를 준비합시다.

이렇게 감정의 컨트롤 방법을 숙지하고 있는 것도 함께 있으면 마음이 편안해지는 사람이 되기 위한 중요한 힌트가 될 것입니다.

기분 전환이 필요할 땐
여행을 떠나자

여행은 제게 없어서는 안 될 영양제이고 최고의 기분 전환 법입니다. 약 이상의 효과가 있다고 해도 과언이 아닙니다. 앞에서 제안한 어깨 힘을 빼는 여섯 가지 조건 중에서도 여행은 극적 효과를 발휘합니다. 약 이상의 효과를 가지고 있다는 확신은, 예전에 우울증이 왔던 시기를 여행으로 극복한 경험이 있기에 자신 있게 말할 수 있습니다.

정신과 의사인 저도 예전에 한 사건을 계기로 우울증에 빠진 적이 있습니다. 이사할 때 아버지의 유품을 도둑맞았는데, 그 유품이 도둑에 의해 고서점으로 넘어갔던 사건 때

문이었습니다. 한동안 물건을 잘 간수하지 못했다는 죄책
감에, 아버지를 향한 미안함에 밤잠을 설쳤고 두통 때문에
일을 할 수 없었습니다. 한참 시간이 흐른 후에 서점으로
부터 연락을 받고 서둘러서 유품을 다시 사들였지만 이래
저래 신경을 써야 했기 때문에 극도의 피로감을 느꼈습니
다. 무기력, 허탈감 등이 한꺼번에 덮쳐왔던 것이죠.

마침 그때 여행 제안이 들어왔습니다. 오스트리아 빈에
서의 강연 제안이 들어왔기에 '어떻게든 되겠지'라는 심정
으로 우선은 떠나기로 마음먹었습니다. 강연이 끝날 때까
지는 계속 긴장 상태에 있었지만 그 후 아내와 함께 여행을
즐기고 있자니 놀랄 만큼 예전 기력을 회복할 수 있었습니
다. 귀국할 때쯤에는 우울한 기분은 거짓말처럼 사라져버
렸지요.

저처럼 여행을 계기로 마음의 상태가 달라진 경험을 가
지고 계신 분들도 적지 않을 것입니다. 제가 아는 한 편집
자는 과중한 업무에 쫓겨서 계속되는 수면부족으로 얼굴
전체가 뽀루지로 뒤덮일 정도였다고 합니다. 이대로는 정
말 못 견디겠다 싶어서 휴가를 내고 여행을 떠났는데 여행
지에 도착해서 이틀 정도 지나자 피부 상태가 눈에 띄게 좋

아졌고, 예정했던 일주일이 지나 다시 복귀할 때쯤에는 완전히 사라졌다고 합니다.

어째서 여행은 약 이상의 효과를 발휘하는 것일까요? 우선은 여행지에서의 해방감이 심신을 편하게 해주는 효과를 가지고 있습니다. '괴롭다', '힘들다'라는 생각으로 나날을 보내면 부정적인 생각만이 점점 깊어질 뿐, 더욱더 그것에서 벗어나기 어려워집니다.

하지만 비일상적인 세계에서는 새로운 발견이 끝없이 이어지고, 가는 곳마다 미지의 세계가 펼쳐집니다. 이로 인해서 닫혀 있던 긍정적인 사고 회로가 열리고 뇌의 활동이 활발해집니다. 이렇게 말하면 우스울지도 모르지만 여행은 뇌에 주는 충격요법과도 같습니다. 일상을 보낼 때와는 다른 각도로 많은 자극이 가해지기 때문에 불행으로 가득 차 있던 뇌도 건강을 되찾는 것이지요. '즐겁다', '기쁘다', '재미있다', '맛있다', '아름답다'라는 감정을 반복해서 느끼면 몸도 가벼워지고 활력이 생깁니다.

여행을 좋아하는 고령자보다 집에만 있는 고령자가 빨리, 쉽게 치매에 걸립니다. 뇌에 적당한 자극이나 감동을 주어야만 젊게 살 수 있다는 증거이지요. 물론 젊은 뇌도 일상과는 다른 자극을 원하고 있습니다.

때로는 여행과 같은 방법으로 일상에서 벗어난 세계로 가서 뇌를 자극, 마음껏 행복한 체험을 하도록 하세요. 어쨌든 기분이 좋지 않을 때, 우울함이 풀리지 않을 때일수록 새로운 체험을 하러 떠나는 겁니다.

작은 공간이라도
마음 둘 곳을 만들어두자

지금도 저는 상당히 바쁜 나날을 보내고 있습니다. 일주일에 두 번은 회진과 진찰을 하고 있는데, 그날은 아침 6시에 일어나 집 바로 옆에 있는 병원으로 출근을 합니다. 지각하지 않도록 그 전날에는 반드시 알람을 맞춰놓고요.

한편으로는 책 쓰는 일에 쫓기고 있습니다. 가끔 강연 의뢰도 들어오고, 갑자기 여행 제안이 들어올 때도 있습니다. 제게는 정신과 의사 외에도 알코올 건강의학협회 회장, 일본 펜클럽 이사, 여행작가협의회 회장 등 여러 개의 일이 있어서 관련 업무를 보러 여기저기 다니지 않으면 안 됩니다.

파티 초대장도 자주 오곤 하는데 여기에도 시간이 허락
되는 한 참석하려고 노력하고 있습니다. 참석하면 반드시
새로운 만남이 생기고 많은 사람과 대화를 나눌 수 있어서
지식욕을 채울 절호의 기회가 되기 때문이지요.

이 때문에 하루 종일 집에서 쉴 수 있는 날이 거의 없습
니다. 놀랍게도 나이를 먹어갈수록 사교적으로 변해가고
있으니까요. 이 나이가 되어서야 사교적이었던 어머니의
피가 활동을 시작한 것인지도 모릅니다.

하지만 혼자만의 세계에 빠지고 싶어지는 때가 찾아오
곤 합니다. 밖으로 나가서 사람들과 만난다는 행위는 언제
나 어느 정도의 긴장을 갖게 합니다. 긴장이 계속되면 본
능적으로 그것을 풀고 싶어지는 것이지요.

다행히 저는 아주 좋은 도피처를 가지고 있는데, 집 작
은 방에 간단한 장치를 해놓았습니다. 어느 방이건 그 사
람의 관심사가 반영되기 마련이지만 제 방에는 몇 년에 걸
쳐서 모은 비행기 관련 상품들이 있습니다. 제 취미를 잘
알고 있는 사람이 제 방을 방문하면 틀림없이 '과연 당신

방답군' 하고 생각할 것입니다.

방 안의 모습을 조금 소개할까요. 둘째가라면 서러워할 비행기 애호가인 저는 JAL 이코노미 클래스의 의자, 옛날 조종간, 여객기의 프로펠러까지 전시해놓았습니다. 소품들도 대부분 모아두었고, 낙하산에서부터 기내식 메뉴, 나이프, 포크까지 망라해놓았을 정도입니다.

모두 좋아서 모은 물건들이기 때문에 애착이 가고, 이 방에 있는 것만으로도 마음이 편해지는 것을 느낄 수 있습니다.

도망갈 구멍이라고 할까요, 숨어 있을 수 있는 자신만의 공간을 가지고 있다는 것은 정신건강에도 상당히 도움이 됩니다. 바쁜 일상이 있기에 혼자만의 시간의 중요성도 알게 되는 것이고요.

'자신만의 방을 가질 수가 없다'라는 분도 적지 않겠지만 어떤 공간이든 상관없습니다. 꼭 집 안이 아니더라도 마음이 편안해질 때까지 천천히, 편안함을 만끽할 수 있는 자신만의 장소를 확보해보세요. 카페라도, 공원의 벤치라도 좋습니다. 느긋하게 차를 마시며 책을 보거나 공원에서 구름이 흘러가는 것을 보는 것만으로도 머릿속이 환기되니까요.

함께 있으면 마음이 편안해지는 사람은 자신의 최적의
공간을 순식간에 찾아내는 사람이기도 합니다.

웃음과 감동의 재료는
주위에 널려 있다

함께 있으면 마음이 편해지는 사람들은 무엇이 다른 것일까, 어떻게 누구나가 편안해 하는 사람이 되는 것인가에 대해서도 이제는 충분히 아셨을 것입니다. 자신의 속도를 소중하게 생각하면서 생활하는 사람들은 마음에 여유가 있는 만큼 주위의 공기를 자연스럽고 편안하게 만들 수 있습니다. 그리고 사람을 편안하게 해주는 힘을 가지고 있는 사람은 잠깐 멈춰 서는 시간, 곁길을 둘러보는 시간을 결코 낭비라고 생각하지 않고 적극적으로 여유를 만들어갑니다.

여유가 있으면 사람들에게 주는 인상도 변합니다. 어깨에서 적당히 힘을 빼는 버릇을 들이면 자신은 물론 주위 사람들에게도 편안함을 줄 수 있습니다. 그렇다면 어떻게 해야 그런 멋진 자신을 발견할 수 있을까요? 사실 그에 대한 힌트는 당신 주변에 얼마든지 있습니다. 매일의 생활 속에서 조그만 일에 신경을 쓰느냐 쓰지 않느냐에 따라 당신 마음의 모습이 크게 달라지니까요.

예를 들어 웃는 일과 감동하는 일도 그중 하나입니다. 당신은 최근에 배꼽을 잡고 마음껏 웃어본 적이 있나요? 만약 있다면 마음의 건강 상태가 양호하다 여겨도 좋습니다.

'그러고 보니 요즘 통 웃어본 일이 없네.'

이렇게 생각한다면 마음의 건강 상태가 양호하다고 할 수는 없겠죠.

지금 당신은 일상의 잡무에 쫓겨서 감정을 억제하는 버릇이 있거나 희로애락의 감정을 느끼는 대로 표현할 심적 여유를 상실한 것일지도 모릅니다. 마음껏 웃거나 울거나 하는 등의 감정을 겉으로 드러내는 일은 육체적으로도 좋은 약이 됩니다. 하지만 바쁜 현대인은 이 특효약을 제대로 사용할 줄 모르는 듯합니다. 일상에서는 감정을 크게 혼들어줄 재료가 많지 않습니다. 따라서 단조로운 삶이 지루해지고, 욕구불만을 느끼게 되는 것입니다. 그러한 마음의 상태를 알고도 모른 척한다는 것은 정신건강에 좋지 않습니다.

때로는 규칙적인 리듬에 조금 변화를 주어 웃음이나 감동을 얻으러 가보는 것이 좋습니다. 즉 단조로운 나날에 의식적으로 변화를 주어 감동을 발산할 기회를 만드는 것이지요. 그렇게 마음먹는다면 웃음이나 감동을 주변에서 손쉽게 얻을 수 있습니다. 바로 당신 가까이에 마음을 편안하게 해방시켜 줄 재료가 널려 있으니까요.

TV 방송이나 책도 웃음을 제공해줄 것이고, 유머가 있는 친구도 웃음을 선사할 것입니다. 거리에도 웃음의 재료가 되는 것들은 얼마든지 있습니다. 혹은 코미디 영화를 본다거나 공연을 보러가면 소리 내어 웃을 수 있을 것입니다.

단조로운 일상에 웃음을 준다는 것은 그리 어려운 일이 아닙니다. 주변의 작은 것에서부터 웃음을 찾아보세요.

감동을 얻으려면 눈물을 흘릴 수 있을 만한 영화를 보면 됩니다. 이럴 경우에는 극장에 직접 가서 보는 것이 좋습니다. 이때만큼은 마음을 편안하게 하고 감정이 흘러가는 대로 눈물을 흘리세요. 잠들어 있던 감정이 깨어나서 마음을 대청소해줄 것입니다. 당신의 바로 옆에 웃음이나 감동을 줄 수 있는 재료는 얼마든지 널려 있습니다.

제6장

············

답답했던 관계가
홀가분해지는
인생 처방

호기심을 잃지 않는 사람이
잘 놀고 잘 웃는다

저는 언제나 사람들에게 불량 노인이 될 것을 권하고 있습니다. 잘 놀고, 잘 웃고, 악동과도 같은 호기심을 가지고 있는 사람일수록 뇌세포가 젊고 건강하기 때문이지요.

선상 여행을 떠나면 불량 노인들을 많이 만날 수 있습니다. 96일간 세계일주 여행에 참가했을 때 "나는 사람들에게 불량 할머니라고 불리고 있어요"라고 말하는 여든의 건강한 부인을 만났습니다. 틀림없이 불량 노인의 본보기와도 같은 분으로 밤 늦게까지 노는 것을 아주 즐기더군요. 매일 밤 카지노에 다니거나 새로운 일에는 적극적으로 도전하기도 하고요.

남편은 이미 세상을 떠난지라 한때는 실버타운에 있었는데, 주위 노인들이 모두 병과 건강에 관한 얘기만 해서 재미가 없다는 이유로 바로 거기서 나와 일반 아파트로 이사를 했다고 합니다.

이 부인은 선상 생활을 마음껏 즐기며 미용실에도 부지런히 다니는 등 겉보기에도 마음이 젊어 보였습니다. 그리고 '오랜만의 선상 여행이니까 96일간을 전부 배에서만 생활하고 싶다'라며 육지에는 전혀 내려가지 않는 자신만의 여행법을 관철했습니다. 여행 기간 동안 그 부인을 만나면 왠지 모르게 마음이 편안해지는 것을 느꼈습니다. 마음을 젊게 유지하는 데 놀이가 얼마나 중요한가를 다시 한번 깨달은 것이지요.

불량 노인에게 '이제 나도 늙었다'라는 생각은 조금도 없습니다. 언제까지나 '아직 젊어'라는 적극적인 생각을 갖고 있는 사람과 함께 있으면 저도 활력이 생기고 마음이 편안합니다.

반대로 나이는 젊은데 마음이 노인처럼 되어버린 사람이 있습니다.

'어떤 일에서도 재미를 못 느낀다.'

'새로운 일에 도전해보고 싶은 욕구가 일지 않는다.'

이렇게 생각하고 있다면 그 사람은 80세 부인보다 훨씬 더 늙었다고 말할 수밖에 없습니다. 이런 사람들의 공통점은 잘 놀지 못하고 유머를 이해하지 못한다는 점입니다. 놀이를 즐기지 못하면 어떤 일이든 식상해지기 쉬워 인생을 즐길 수 없게 되어버리고 맙니다. '이제 와서', '어차피', '왜?'라는 부정적인 발언도 많아지고요.

'인간의 본심은 놀이에 있다'라고 말한 네덜란드의 역사가 요한 하위징아의 말에 저 역시 동감합니다. 어린아이들은 '왜 그렇지?', '어째서 이렇게 되는 거지?'라고 어른들에게 자주 질문을 하는데 이런 호기심을 갖는 것이 놀이의 근원입니다. 어른이 되어서도 이러한 호기심을 잃지 않는 사람일수록 심신의 젊음을 유지할 수 있고요.

당신도 적극적으로 놀이에 참가하여 먼 미래에는 젊음과 유머를 겸비한 불량 노인이 되어보세요.

분위기를
온화하게 만드는 방법

평소에는 과묵한 사람이 툭 던진 한마디에 폭소를 터뜨린 경험이 있나요? 제 미국인 친구가 그렇습니다. 평소에는 매우 조심스럽게 행동하는데 모임에 참석하면 의외의 면을 보입니다. 아주 우스운 농담을 연발해서 주위의 분위기를 온화하게 만들어줍니다. 웃음은 전염성이 있어서 주위에서 웃음이 터지면 연회장 전체가 활기를 띠게 되고 분위기가 더욱더 즐겁게 무르익습니다.

"사람에게는 두 가지의 견딜 수 없는 모멸의 말이 있다. 하나는 유머감각이 없다는 말이고, 또 다른 하나는 고생을 모른다는 말이다.”

미국의 작가 싱클레어 루이스의 말인데 그만큼 미국인들은 유머를 중요하게 생각하는 듯합니다. 농담을 하지 못하는 사람은 수준 이하로 여겨지기 때문에 어렸을 때부터 화술을 엄격하게 가르칩니다. 대통령은 말할 것도 없고 사람을 지도하는 사람일수록 농담을 잘합니다.

사람들 대부분이 농담에는 서툴더라도 어느 정도의 유머감각은 지니고 있을 겁니다. 또 달변이라고 해서 반드시 농담을 잘하는 것은 아닙니다. '저는 말주변이 없어서', '센스 있는 농담은 한마디도 못 한다'라고 겸손해하는 사람이 의외의 한마디로 웃음을 선사하기도 하잖아요.

희극 배우이면서도 사생활에서는 농담 한마디 하지 않는 과묵한 사람도 적지 않습니다. 만약 '나는 말주변이 없어서 사람들을 웃기지 못한다'는 콤플렉스를 가지고 있는 분이 있다면 그 성격이 사람들을 웃기기 위한 충분한 무기가 된다고 자신감을 가져보세요.

'유머감각을 더욱더 기르고 싶다'는 사람을 위한 간단한 방법이 있습니다. '1일 1웃음 일기'를 쓰는 것입니다. 하루의 생활 속에서 가장 재미있었다고 생각하는 일을 매일 기록해두는 것입니다.

그다지 웃지 않았던 날에라도 되돌아보면 재미있었던 일 한두 가지는 틀림없이 있을 테니까요. 거리에서 마주친 재미있는 사람, 자신의 실수담, 타인의 실수담, 재미있는 꿈, 책이나 TV 방송 등 가까운 곳에서부터 찾아보세요. 어쩌면 '1일 1웃음'이 아니라 잠깐 사이에 '1일 5웃음'이 될지도 모릅니다.

순간 정신이 아득해질 만한 실수도 객관적으로 바라보면 재미있는 사건에 지나지 않았다는 것을 알 수 있습니다. 그런 경험 하나하나가 웃음의 재료가 되어줍니다.

또 일기를 쓸 때 웃고, 지난날들의 기록을 보고 웃고, 이렇게 반복해서 웃는다면 자연스레 유머감각이 생길 겁니다. 늘 재미있는 일을 찾아 웃는다면 금방 다른 사람에게도 웃음을 선물할 수 있을 것입니다.

이 '1일 1웃음 일기'의 창시자인 제 친구는 성실한 사람이면서도 유머감각 또한 수준급입니다. 반드시 매일 웃기 때문에 몸도 아주 건강합니다. 매일 웃기 때문에 자연치유력도 절로 높아져서 병을 모르는 몸이 된 것입니다.

수평적인 시선으로
바라보자

좋은 영화일수록 장르를 구분하기 힘듭니다. 찰리 채플린의 영화를 단순히 코미디라는 장르로 볼 수 있을까요? 스티븐 스필버그의 영화를 SF라고 단순히 정의해버리기엔 어딘가 석연치 않은 부분이 있고, 미야자키 하야오 감독의 영화를 애니메이션이라고 한마디로 표현한다면 이것 역시 어디까지나 편의상의 구분이라는 느낌입니다.

애니메이션은 주로 어린아이들을 대상으로 한다는 생각으로 자신도 모르게 멀리하는 사람들도 있습니다. 하지만 아이들을 위한 내용이라고 생각하던 사람이 억지로 극장에 끌려가 오히려 더 큰 감동을 받는 경우도 있지요.

장르 구분은 사람들에게 선입견을 심어줍니다. 오히려 장르 구분에 얽매이지 않아야 관객으로서 자유로워집니다.

되돌아보면 우리 주위에서는 영화나 음악뿐 아니라 실로 많은 분야에서 편의상의 구분이 이루어지고 있습니다. 같은 옷이라도 유명 브랜드라면 그것만으로 고급스러운 것이라고 생각해버리고, 잘 모르는 상표가 붙어 있으면 그것만으로 관심을 거두곤 합니다. 특정 상표가 붙어 있지 않으면 눈길도 주지 않는 브랜드 제일주의자들이 있습니다. 하지만 이런 편의상의 구분은 시야를 편협하게 합니다.

여기서 한 가지 제안을 해봅니다. 한 번쯤은 DNA에 깊이 각인된 프로그램을 바꿔 내면에 있는 고정관념을 제거해보세요. 'A가 아니면 안 된다', 'B만이 일류다'라는 생각을 '무엇이든 둘러보자', '무엇이든 경험해보자'라는 생각으로 바꿔보는 것입니다.

무엇이든 둘러보고 무엇이든 경험한다는 것은, 즉 '시선을 수평으로' 유지한다는 말과 같습니다. 앞에서 '아래를 보고' 걷자고 제안했는데 그것은 일종의 길 위의 관찰입니다. 지금 제안하는 것은 사물을 바라보는 방법입니다. 어떤 경우든 아래만을 보게 되면 아무것도 보이지 않게 되고, 반대로 위만을 보게 되면 잘못된 판단을 하게 됩니다.

따라서 시선을 수평으로 유지해야 합니다. 브랜드가 고급이든 아니든 시선을 수평으로 유지하고 본다면 생각은 훨씬 자유로워질 것입니다.

경험을 회피하면
놓치는 것이 많다

먹어보지도 않고 무작정 싫어하던 음식을 두 눈 딱 감고 먹어봤더니 생각했던 것보다 훨씬 맛있었던 경험이 있습니다. 곧잘 그런 예로 등장하는 음식이 낫토입니다. 낫토는 어렸을 때부터 그 끈적거리는 게 싫어서 도저히 먹고 싶은 마음이 들지 않았다고 말하는 사람이 적지 않습니다.

어떤 사람은 콩이 건강에 좋다는 기사를 보고 낫토를 먹게 되었다고 합니다.

몸에 좋은 음식이라는 심리도 작용했겠지만 지금은 스스로 찾을 정도로 좋아하는 음식이 되었다고 하더군요. 게

다가 낫토 덕분에 식탁에서의 즐거움이 늘었다고 합니다.

음식 말고도 이처럼 괜히 경험하기를 회피해서 손해를 보게 되는 경우가 얼마든지 있습니다. 책이나 영화의 경우 '싫어하는 장르', '싫어하는 작가', '싫어하는 배우'라는 이유로 안 보겠다는 사람들이 있습니다. 덕분에 뛰어난 명작을 놓치기도 하고요.

색깔에 대해서도 민감한 사람들이 있습니다. '이 색은 나한테 어울리지 않는다'라는 생각 때문에 입고 싶은 옷이 있어도 포기하는 일도 일종의 경험 회피입니다. 하지만 한 가지 색에만 너무 집착하면 자신의 가능성을 스스로 짓밟는 결과가 될지도 모릅니다. 물론 자신에게 잘 어울리는 색깔의 옷을 입으면 가장 좋겠지만 너무 그것만 고집하면 옷을 고르는 데서 오는 즐거움을 느끼지 못합니다.

'빨간색 옷을 입고 싶다.'

'새로운 색에 도전해볼까?'

이런 가벼운 마음을 억눌러선 안 됩니다. 때로는 스스로 만든 규격을 넘어서는 도전을 해서 자신의 가능성을 예전과는 다른 방향에서 끌어내보는 것입니다.

싫은 사람을 대하는
관계 요령

사람들을 만나는 일에 대해서도 생각해봅시다. '저 사람 같
은 스타일은 싫어'라며 겉모습이나 주위의 평가만을 듣고
사람을 멀리한 적은 없습니까?

　하지만 잘 알지도 못하면서 '저 사람은 이런 사람이다'라
고 판단하는 것은 좋지 않습니다. 겉보기에는 접근하기 힘
들 것 같은 직장 선배도 차근차근 얘기해보면 유머 감각이
있는 재미있는 사람이거나 당신이 모르는 분야에 대해서
해박한 지식을 전해줄 사람일지도 모릅니다.

　자신과는 상반된 성격이기 때문에 멀리했던 사람이 당

신에게 큰 도움을 줄 가능성도 있습니다. '유유상종'이라
는 말처럼 닮은꼴의 사람들은 자연스레 뭉치게 되어 있습
니다. 실제로 비슷한 사람들끼리 모여 있으면 이야기도 잘
통하고 마음도 편안해지지요.

그렇지만 자신과는 전혀 다른 성격을 갖고 있는 사람들
에게도 시선을 돌린다면 인간관계도, 사고방식도 그 폭이
더욱 넓어지게 될 것입니다.

저는 스트레스를 줄이는 데, 뇌세포의 젊음을 유지하는
데 '관계', '사교'만큼 중요한 것은 없다고 생각합니다. 따라
서 평소에도 될 수 있는 한 많은 사람과 만나려고 노력하고
있습니다.

가능하면 자주 다른 사람과 식사를 하며 그들이 하는 여
러 가지 이야기에 귀를 기울입니다. 새로운 만남은 새로운
지식과의 만남이기도 하니까요. 이야기를 나눠보면 새로
운 지식이나 사고를 흡수할 수 있습니다.

아무리 자신과 정반대의 성격을 가진 사람이라도 사귀
는 동안에 그 사람만이 가지고 있는 매력을 깨닫게 됩니
다. 그 좋은 예가 제 아내입니다. 아내는 저와는 정반대의

성격입니다. 둘을 비교하자면 느긋함과 성급함이랄까요.

결혼 초기에는 '아뿔싸!'라고 생각했을 정도로 아내는 느긋한 성격입니다. 하지만 함께 지내는 동안 정반대이기 때문에 서로에게 도움이 된다는 것을 알게 되었습니다. 느긋한 성격이기에 성급한 성격을 컨트롤할 수 있었고 함께 있으면 마음 역시 편해지더군요. 그리고 의외라고 생각되는 관점으로 사물을 볼 수 있도록 해줍니다.

물론 싫어하는 사람과 사귀려고 노력했지만 '역시 마음에 들지 않는다', '함께 있으면 피곤하기만 하다'라는 분도 있을 것입니다. 그렇다면 인간관계를 편하게 할 수 있는 요령을 알려드리겠습니다.

싫은 사람, 마음에 들지 않는 사람을 재미있는 사람이라고 생각해보는 것입니다. 조금 관점을 바꿔서 그 사람을 바라보면 싫어하는 마음이 풀려 이해하기 어려웠던 부분을 즐길 수 있는 여유가 생길 것입니다. '그래도 저 사람은 전혀 상식 밖의 사람, 이기주의자여서 재미있는 사람이라고는 농담으로라도 말하고 싶지 않다'라고 반론하실 분도 있을지 모릅니다. 그렇기 때문에 재미있는 것입니다. 상식에서 벗어난 행동도, 사고방식도 객관적으로 관찰할 여유를 가지고 보게 되면 '저런 우스운 사고방식도 있구나', '별 우스운 사람을 다 봤네'라고 그 의외성을 즐길 수 있는 것입니다.

한쪽 면만 보고 '싫다, 싫어'라고 생각하면 스트레스만 쌓이고 상대와의 관계도 악화될 뿐, 득이 될 만한 일은 아무것도 없습니다. 그보다는 우선 한발 뒤로 물러서서 관점을 바꿔봅시다. 이렇게 하면 불편했던 사람도 진심 어린 마음에서 재미있는 사람으로 느끼게 되어 적당한 인간관계를 유지할 수 있을 테니까요.

어떤 인간관계에서도 통하는, 함께 있으면 마음이 편안해지는 사람들만의 관계 요령입니다.

꽃을 사랑하는 즐거움,
사람을 사랑하는 즐거움

어느 해 봄, 기록 귀신인 제가 꼭 기록해두지 않으면 안 될 일이 있었습니다. 그것은 벚꽃이 평년에 비해서 2주 정도 빨리 핀 일이었습니다. 따뜻했던 겨울 기온 등 몇 가지 기상 조건이 겹쳐서 꽃이 빨리 피게 된 것인데, 덕분에 꽃놀이나 벚꽃 축제 일정이 엉망이 되어 관련 행사를 담당한 사람들이 애를 먹었다고 합니다.

벚꽃이 피었다는 소식은 여전히 우리를 즐겁게 합니다. 저도 어릴 때 동네에서 꽃구경을 즐겼는데 아무리 나이가 들었어도 봄이 찾아오면 마음이 설레고 꽃을 보는 것만으로도 마음이 편안해지더군요. 꽃은 그야말로 마음의 비타민입니다.

실제로 '꽃 요법'이라는, 꽃의 향기나 색을 이용한 심리적 치료법이 있다는 사실을 알고 계십니까? 그 효과에 대해 잘 알려진 것이 아로마테라피입니다. 향기의 근원인 방향 분자를 코로 들이마시면 이것이 전기 신호로 바뀌어 대뇌에 전달되고, 면역력이 높아져 호르몬 분비가 왕성해진다는 사실이 과학적으로 실증되었습니다.

향기뿐 아니라 꽃의 색깔에도 사람의 마음을 다스려주는 힘이 있습니다. 예를 들어 선명한 색은 피곤에 지친 마음에 활력을 주고, 따뜻한 색은 몸과 마음을 편안하게 하는 효과가 있다고 합니다. 즉 어깨 힘을 빼고 싶을 때는 분홍색처럼 따뜻한 색깔의 꽃이 좋습니다.

벚꽃은 향기, 색, 생김새 모두가 마음을 다스려주는 충분한 힘을 가지고 있는데 꽃을 바라보는 사람들을 보면 쉽게 이 사실을 알 수 있습니다.

"어머, 예뻐라!"

"정말 예쁜 꽃이야."

벚나무 밑에서 꽃에 찬사를 보내는 사람들의 표정을 보

면 모두 행복하고 편안합니다. 어깨 힘을 뺀 표정이란 바로 이런 순간의 표정이 아닐까요? 의식적으로 만들려고 해도 배우가 아닌 한 그 순간의 표정은 지을 수 없을 것입니다.

따라서 꽃을 즐기는 또 하나의 방법은 '꽃을 사랑하는 사람의 모습을 즐기는 것'입니다. 꽃을 올려다보며 행복한 표정을 짓는 사람들의 표정을 즐기는 것이지요. 꽃을 즐기는 사람들을 관찰하면 즐거움은 배가 됩니다. 즐거움은 웃음처럼 전염성이 있습니다. 저쪽에서 꽃을 바라보고 있는 사람들을 보고 있으면 나도 모르게 표정이 이완되고 행복감을 느낍니다.

만약 만개한 벚꽃을 보고 아름답게 느껴지지 않는다며 얼굴을 펴지 못하는 사람이 있다면 그 사람의 마음이 심하게 지쳐 있다는 증거입니다. 자연의 식물들은 우리에게 많은 것을 가르쳐줍니다. 또 많은 것을 깨닫게 해줍니다. 따라서 눈으로 많이 보고 관찰하면서 식물 주위에 모여 있는 사람들의 표정도 많이 바라보세요.

슬럼프에 빠졌을 때는
한 걸음만 생각하자

안 좋은 일이 있어서 마음이 우울할 때나 슬럼프에 빠졌을 때는 가만히 앉아서 이런저런 생각을 한다고 상황이 바뀌는 것은 아닙니다.

'난 이제 어떻게 살아야 하지? 진정 내가 있어야 할 곳은 어디일까?'

생각하면 생각할수록 같은 자리만을 맴돌 뿐 답은 보이지 않습니다. 특히 일이 잘 풀리지 않을 때일수록 안 좋은 쪽으로만 생각하게 됩니다. 이런 악순환의 고리를 끊을 수 있는 사람은 나밖에 없습니다.

'천릿길도 한 걸음부터'라는 말처럼 마음의 스위치를 바꿀 최고의 방법은 우선 한 걸음 내딛는 것입니다. 즉 작은 일이라도 상관없으니 어떤 한 가지 일에 스스로 적극적인 행동을 해보세요. 아름다운 꽃을 보러 가는 것만으로도 적극적인 변화를 일으킬 수 있을 테니까요.

아름다운 꽃을 보면 자연스레 미소가 피어납니다. 마음에 여유가 생겨 우울했던 기분을 마음 한구석으로 몰아버릴 수 있습니다. 꽃을 계기로 눈에 보이지 않는 마음의 흐름을 바꿀 수 있지요.

부정적인 생각을 떨쳐내지 못할 때는 기분 전환을 위해 자전거를 타고 근처 공원으로 나가보세요. 이런 식으로 하나씩 해본다면 거기서 무엇인가를 발견할 수 있게 됩니다.

낯선 야생초를 발견한다면 그 이름에 대한 소박한 궁금증이 생기게 되고 '조사해보자', '물어보자'라는 의욕이 행동으로 연결됩니다. 호기심과 지적 욕구가 촉발되면서 부정적이었던 생각이 긍정적으로 바뀌지요.

동네 슈퍼에 가는 것만으로도 많은 발견을 할 수 있습니다. '무슨 상품이지?', '신상품인가?', '이런 것도 있었구나', '맛있겠는걸' 등 모두가 긍정적인 발견입니다.

뭔가 계획을 세워야 하는데 책상에 앉아서 아무리 머리를 쥐어짜내도 아무것도 떠오르지 않을 때가 있습니다. 그럴 때 기분 전환을 위해 차를 마시거나 근처를 산책하는 동안 뭔가가 갑자기 떠오를 때가 있습니다. 몸과 마음이 편안한 때일수록 사고력도 유연해져서 막혀 있던 생각이 트이는 것입니다.

우선 한 걸음 앞으로 나아가세요. 가만히 앉아서 생각하기보다는 우선 몸을 움직여 사물과 사람들을 접하며 기분을 긍정적으로 바꿔줄 것을 스스로 찾아보는 겁니다.

자연이 선물하는
마음의 이완

영국인들에게는 '정원사'라는 재미있는 별명이 있습니다.
그도 그럴 것이 영국인 대부분이 원예를 좋아하는데 전체
영국인의 80퍼센트가 원예를 취미로 삼을 정도입니다.

그들은 정원의 크기에 구애받지 않고 원예가 가능한 공
간을 최대로 활용하여 꽃이나 나무를 손수 가꾸려 합니다.
공동주택에서는 화분이나 바구니를 이용하여 테라스나 창
가에서 원예를 즐깁니다. 그 때문에 꽃집은 휴일이면 꽃이
나 원예용품을 사려는 사람들로 언제나 붐빕니다.

주말의 식물 가꾸기는 그야말로 모두의 행사라 할 만합

니다. 남자들도 주말이면 정장을 훌훌 벗어던지고 정원사로 변신합니다. 넓은 정원을 가지고 있다면 정원을 아름답게 꾸미기 위해 잔디를 깎습니다. 평일과는 다른 평온한 시간의 흐름에 몸을 맡기고 정원 가꾸기나 잔디 깎기에 열중하는 것은 참으로 사치스러운 놀이입니다.

정원 가꾸기는 가족 모두가 즐기는 취미이기도 합니다. 이렇게 영국은 부부 혹은 이웃이 서로 좋아서 하는 일이 공통되기 때문에 부담 없이 여기저기서 이 취미 이야기를 하며 화기애애한 분위기를 나눌 수 있습니다.

"내년엔 정원을 이런 식으로 만들어보자."

"이번 주말에는 어떤 꽃을 사올까?"

이런 대화가 일상적으로 오고 갈 것입니다.

영국 사람들이 원예를 좋아하게 된 것은 귀족들이 자연으로 둘러싸인 전원생활을 즐겼던 데서 그 원천을 찾을 수 있습니다. 푸른 하늘 아래 꽃과 함께 하는 생활은 귀족 신분의 상징이었으니까요.

조금 다른 관점에서 보면 그 시절부터 이들은 어깨 힘을 빼는 일에 능숙했다고 할 수 있겠습니다. 평일에는 집중해서 일하고, 주말에는 일은 완전히 잊은 채 자연을 즐기는 것이지요. 그러면서 긴장과 이완의 균형을 맞추며 평일에 쌓인 스트레스를 주말에 내보내는 것입니다. 자신의 속도로 사는 사람이 되기 위한 힌트는 여기에 숨어 있습니다.

제가 사는 곳에서는 몇 년 전부터 원예 붐이 일고 있습니다. 최첨단 기기에 둘러싸인 편안한 생활만으로는 어딘가 부족해서 자연과의 만남을 많은 사람이 소중하게 생각하게 된 것이지요.

정원을 가꾸기에 적당한 크기의 공간이 없다면 화분의 꽃이나 관상용 식물, 허브 등을 주위에 두는 것도 좋습니다. 보는 즐거움, 만지는 즐거움, 키우는 즐거움. 식물 하나가 이렇게 많은 즐거움을 가져다줍니다. 생활 속에 꽃이나 식물을 들여놓아 보세요.

급할수록
의식적으로 천천히

슬로푸드는 패스트푸드에 대항해 '식사는 좀 더 천천히 하자'라는 생각에서 나왔습니다. 이탈리아의 작은 마을에서 시작한 슬로푸드 운동이 그 발단이라고 합니다.

스피드 시대를 상징하는 패스트푸드의 특징이라면 싸고 빠르고 규격화된 맛을 들 수 있습니다. 바쁜 현대인의 생활패턴에 부합하여 세계적으로도 애용되고 있고, 이로 인해 세상은 스피드에 더욱더 박차를 가하게 되었지요. 여기에 24시간 영업하는 편의점과 인스턴트 식품의 등장으로 시간을 들이지 않고도 아주 간단하게 식사를 마칠 수 있게 되었습니다.

하지만 시간을 들이지 않는 이 식사는 단점이 있습니다. 아이들의 입맛이 변하고, 음식의 종류가 빈곤해지며, 가족들이 모여서 식사하는 시간이 줄어드는 문제가 자주 거론되곤 합니다. 그렇기 때문에 재료가 지닌 맛을 최대한 살려 손으로 만든 요리를 천천히 맛본다는 점에 중점을 둔 슬로푸드가 고안된 것입니다.

다시 한번 영국 사람들을 예로 들면 원예와 더불어 많이들 하는 그들의 대표적인 휴일 놀이는 바로 목공입니다. 그들은 신축 가옥보다 낡은 가옥을 더 선호합니다. 낡은 가옥을 수리해서 직접 새롭게 만드는 일을 즐기기 때문이지요. 집과 가구는 오래된 것일수록 상품 가치가 올라가고, 거래되는 주택 대부분도 그렇습니다.

그리고 집을 구입하면 바로 개축 계획을 세웁니다. 벽지를 자신이 좋아하는 스타일로 바꾸고, 가구의 도장을 벗겨 다시 도장을 하고, 여기저기 산재해 있는 낡은 자재들을 바꿔 끼우는 등 일은 얼마든지 있습니다. 그래서 아버지들은 휴일이면 집 수리에 혼신의 힘을 쏟습니다.

옛날부터 영국에는 집은 성이라는 개념이 있었습니다.

'거주'라는 것이 인생에서 가장 중요하다는 사고방식이 있어서 집을 위해서라면 시간을 아끼지 않았던 것입니다.

당신은 거주 공간에서, 삶을 영위하는 공간에서 즐거움을 느끼나요? 만약 어쨌든 거주하는 것만으로도 좋다는 생각으로 살고 있다면 반경 10미터 이내에 있는 즐거움을 뻔히 보고도 놓치는 결과가 되어버립니다.

주말만이라도 천천히 식사를 즐기고, 천천히 자연과 화합하며, 가족이나 친한 친구들, 이웃들과 천천히 이야기를 나누며 여유로운 삶을 즐긴다면, 이런 생활을 실천할 수만 있다면 저절로 당신 주위, 그리고 당신 자신의 '내면의 공기'가 온화해질 것입니다.

마음을
일으켜 세우는 칭찬의 말

별로 신경 쓰지 않고 내뱉는 말 속에 여유로운 삶을 위한 힌트가 숨어 있습니다.

"그렇게 노력하지 않아도 돼."

이 말도 그중 하나입니다만 여기서는 칭찬의 말에 주목하고 싶군요.

다른 사람에게 칭찬을 들어서 기뻐했던 경험은 누구에게나 있을 것입니다. '멋있는데요', '굉장한데요', '재미있는데요', '예쁜데요' 등 그 어떤 칭찬의 말이라도, 하물며 '말은 잘한다', '입에 발린 소리'라고 마음속으로 생각한다 하더라도 대부분의 경우, 칭찬을 들으면 미소를 짓게 됩니다. 다른 사람을 기쁘게 만들어주는 방법 중 이처럼 간단한 것도 없을 테고요.

"젊어 보이세요."

오랜만에 만난 나이 지긋한 분들에게 제가 자주 사용하는 말입니다. 경박한 칭찬의 말을 안 하고도 이런 식으로 자연스럽게 칭찬의 말을 건네면 대부분이 미소를 짓고 분위기가 온화해집니다.

저 역시 칭찬을 받으면 기쁨을 느낍니다. 칭찬을 많이 들으면 유쾌해지고 상대방에 대해 호감이 생겨서 '참 좋은 사람'이라는 인상을 갖게 됩니다. 너무 속이 들여다보이는 칭찬이 아니라면, 칭찬을 듣고도 '저 녀석은 마음에 들지 않는다'라고 생각하는 사람은 없을 것입니다.

단 한마디 칭찬에도 이렇듯 인간관계를 원활하게 해주는 힘이 있고, 때로는 마음을 치료해주는 약이 되어주기도 하지요. 그리고 이 치료약은 때로는 극적인 효과를 나타내기도 합니다. 자신감을 잃고 침울함에 잠겨 있을 때 들은 칭찬의 말이 마음 깊이 파고들어 '나를 인정해주는 사람도 있구나'라며 자신감을 되찾게 해주니까요.

어렸을 적 어른으로부터 받은 한마디 칭찬의 말이 계기가 되어 미래 직업을 결정하는 데 영향을 주는 경우도 있습니다. 될 수 있으면 칭찬을 많이 듣고 칭찬의 말을 아끼지 않는 것이 좋습니다.

제 할아버지는 칭찬을 아주 잘하셨고 남을 치켜세워주기도 잘하셨습니다. 손자인 저에게도 칭찬 선물을 많이 해주셨는데, 가족뿐만 아니라 동네 아이들이나 병원 직원들에게도 아주 사소한 일로 칭찬의 말을 해주셨습니다.

그림을 그리고 있는 아이가 있으면, "어이구 녀석. 잘 그리는데? 이다음에 훌륭한 화가가 되겠어", 일을 척척 처리하고 있는 직원에게는, "자네는 정말 우수한 인재야. 정말 대단해"라는 칭찬을 하셨습니다. 보고 있는 사람조차 기분이 좋아질 만큼 칭찬을 잘하셨지요.

정신과 의사로서 칭찬의 효용에 대해서 잘 알고 있었기에 할아버지는 칭찬이 몸에 배어 있었던 것입니다. 칭찬은 자석과도 같은 역할을 하는지 할아버지의 주위에는 늘 많은 사람이 모여들었습니다.

그런 할아버지의 모습을 보고 자란 저도 될 수 있으면

상대의 좋은 점을 발견하여 칭찬하려고 노력하고 있습니다. 이렇게 간편하고 효과 좋은 치료약을 쓰지 않고 썩힐 수는 없으니까요. 단 한마디라 하더라도 칭찬은 사람을 편안하게 해주는 커다란 효능을 가지고 있습니다.

감사하는 마음은
사람들을 연결해준다

여러분은 칭찬을 들었을 때 어떤 대답을 하나요? 겸손하게 "전 그렇게 대단하지도 훌륭하지도 않은 사람이에요"라는 식으로 대답하는 경우가 많습니다. 마음속으로는 기쁘면서도 우선 겸손한 태도를 보이는 것이지요.

한편 서방 문화권에서는 칭찬을 받으면 고맙다고 대답합니다. 그리고 이 고맙다는 말에서 우리는 칭찬과 마찬가지로 마음의 치료 효과를 기대할 수 있습니다.

'고맙다'는 말에는 칭찬의 말처럼 불가사의한 힘이 숨어 있어서 이 말을 듣게 되면 순식간에 얼굴에 웃음이 번지고 긴장이 풀어집니다. 상대가 '고맙다'는 감사의 기분을 표현하면 이쪽도 '고맙다'는 마음을 갖기 때문에 나와 상대의 거리가 훨씬 더 가까워진 듯한 기분이 들고요. 이것만으로도 감사하는 마음을 전달하는 행위의 효용을 잘 알 수 있을 것입니다.

저는 '고맙다'라는 말을 많이 하는 가정일수록 웃음이 많고 부부관계도 부모 자식 간의 관계도 원만해진다고 생각합니다.

물론 애초부터 부모님이 아이들에게 모범을 보이지 않는다면 그리 쉽게 이루어지지 않을 것입니다. 아내가 남편에게, 남편이 아내에게 일상의 작은 일에도 감사하며 '고맙다'라는 말을 한다면 아이들도 자연스레 '고맙다'라는 말의 의미를 학습해서 감사의 기분을 잘 표현하는 사람이 되겠지요. 부부 간에 감사의 마음이 없다면 웃음이 없는, 형식만을 갖춘 차가운 가정이 만들어지고 아이들에게도 그것이 고스란히 전해질 것입니다.

작은 일에 감사하며 그것을 말로 표현하는 것은 가정에 웃음꽃이 피어나게 하는, 그리고 보다 원만한 인간관계를 구축하기 위한 기본입니다.

그런데도 우리는 칭찬과 더불어 감사의 마음을 전하는 것에 그리 능숙하지 않습니다. 감사하는 마음은 가득해도 막상 말로 표현하려고 하면 쑥스러워져서 마음속으로만 품고 있는 경우가 많습니다. 표현하지 않았는데 이심전심으로 감사의 마음이 전달되었다고 할 수는 없습니다.

감사의 마음은 크게 표현하는 것이 좋습니다. 그럼으로써 인간관계가 편안해지기도 합니다.

평소 호감을 가지고 있었던 사람과는 더 가까워질 수 있는 기회를 만들어주고, 불편했던 사람과의 관계를 개선할 수 있는 실마리가 되어줍니다. 오랫동안 인연을 이어온 사람과는 더욱 돈독해질 수 있습니다. 칭찬과 감사의 마음을 담은 한마디의 위력은 대단합니다.

소중한 사람에게 때로는 큰 목소리로 고맙다는 말을 전해보세요. 칭찬을 받으면 솔직하게 고맙다고 대답하세요. 감사의 마음을 순수하게 표현하는 당신을 함께 있으면 마음이 편안해지는 사람이라고 생각할 것입니다.

이처럼 함께 있으면 마음이 편안해지는 사람이 된다는 것은 그다지 어려운 일이 아닙니다. 사소한 말 한마디, 행동에 신경 쓰는 것만으로도 충분합니다.

이것을 한번 터득했다면 이젠 걱정할 것 없습니다. 모든 일에 당신의 부드러운 마음이 스며들 테니까요. 그리고 당신 주위에도 당신과 같은 동료들이 자연스레 모여들 것입니다.

저는 이 책을 통해서 열심히 노력하고 있는 사람들에게 "무리해서 노력하지 마세요", "어깨의 힘을 빼고 좀 더 천천히 걸어봅시다"라고 말하고 있습니다.

삶에 대한 자세를, 마음의 태도를 조금 바꾸기만 한다면 지금까지는 전혀 시야에 들어오지 않았던 것들이 보이기 시작할 것입니다. 그런 여유가 생겨난다면 당신 자신이 그리고 당신 주위의 분위기가 눈에 띄게 바뀌기 시작할 것입니다.

지금까지의 당신은 어쩌면 다른 사람을 피곤하게 만드는 사람이었을지도 모릅니다. 언제나 전속력으로 걸으며 무슨 일이든 완벽하게 해내려고 한다면 주위 사람들과 조화를 이루기가 힘든 것은 당연한 일이니까요. 하지만 자신에게 맞는 마음의 균형과 일상의 속도를 발견한다면 문제는 어느샌가 해결됩니다.

어깨의 힘을 빼고 천천히 걷는 습관을 들여 자신만의 속도로 인생을 즐긴다면 더 이상 다른 사람들의 걸음 속도 때문에 당황스러워하는 일도 없을 것입니다. 무엇보다 당신 내면이 만족감으로 충만해져서 함께 있는 사람들을 편안하게 만들어줄 수 있을 것입니다.

다시 한번 말하자면 "무리해서 노력하지 마세요"라는 말은 '좀 더 게으름을 피워도 좋다'거나 '적당히 살아도 돼'라는 뜻이 아닙니다. 어깨의 힘을 적당히 빼고 '요구치의 80퍼센트 정도만 만족시키면 된다'고 생각하는 게 마음이 훨씬 편해지고, 인생을 좀 더 풍요롭게 가꿀 수 있다는 메시지를 전달하고 싶었을 뿐입니다.

완벽을 목표로 아무리 노력한다 하더라도 언제나 완벽한 모습으로 있을 수 있는 사람은 어디에도 없습니다. 따라서 요구수준을 높일수록 좌절과 고민도 많아집니다. 그 결과 항상 무리를 강요하게 되지요.

언제나 열심히, 열심히라고 격려만 하면 몸도 마음도 피곤에 지쳐 인생을 즐길 수 있는 여유라고는 조금도 생기질 않습니다.

하지만 요구수준을 낮춰서 80퍼센트 정도에서 만족한다면 20%의 여유가 생겨나지요. 이 '여유'가 지금까지 놓쳐왔던 미지의 세계로 안내할 것입니다.

여유를 만든다는 것은 결코 어려운 일이 아닙니다. 걷는 속도를 바꾸고 시점을 조금 바꾸기만 하면 됩니다.

시간을 절약하기 위해서 언제나 전속력으로 걷던 길도 조금 시간을 들여서 천천히 걸어보고 평소와는 다른 길을 골라서 걸어보면 그것만으로도 무엇인가 발견하게 될 것입니다.

걷는 속도를 바꾸면 길가에 피어 있는 들꽃이나 무심코 지나쳤던 자연 풍경에 시선이 멈추고, 꽃이나 나뭇잎의 색으로 계절의 변화를 느낄 수 있습니다.

이런 작은 발견에 발걸음을 멈추고 '뭐지?', '예쁜데', '좋은 냄새다'라는 생각을 하게 된다면 이것이야말로 마음의 긍정적인 변화라고 할 수 있습니다.

정신 없이 바쁘게 사는 동안에는 시간이 어떻게 가는지, 계절이 어떻게 바뀌는지 실감하지 못하지만 걷는 속도를 바꾸면 시간과 계절을 오롯이 느낄 수 있습니다. 한결 편안하고 여유로운 마음으로 세상을 살아갈 에너지를 충전하는 것입니다. 그러면 주위에 있는 웃음과 감동, 재미의 재료들을 받아들여 즐길 수 있습니다.

두근거림이나 재미있는 일 때문에 오감이 자극을 받으면 사회생활 속에서 억눌려왔던 감정이 풍부하게 되살아납니다. 전속력으로 지나쳐 와서 보이지 않았던 일 속에는 인생을 즐기기 위한 수많은 힌트가 숨어 있습니다. 그리고 '함께 있으면 마음이 편안해지는 사람'은 작은 발견에도 발걸음을 멈추고 그것을 즐기는 습관을 몸에 익히고 있습니다.

빠른 걸음으로 걸어서는 결코 눈에 보이지 않던 세계로 시선을 돌려서 보고, 느끼고, 생각하는 습관을 몸에 익히세요. 분주한 일상에 떠내려갈 것 같을 때에는 의식적으로 삶의 속도를 늦추고 다른 관점으로 세계를 관찰하고요.

거기에서 작은 기쁨과 행복을 발견할 수 있을 것입니다. 당신은 틀림없이 그렇게 할 수 있습니다.

함께 있으면

마음이 편안해지는 사람

초판 발행   2022년 6월 2일

지은이   사이토 시게타
옮긴이   김슬
펴낸곳   다른상상
등록번호   제399-2018-000014호
전화   02)3661-5964
팩스   02)6008-5964
전자우편   darunsangsang@naver.com
ISBN   979-11-90312-58-5 (03190)

독자 여러분의 책에 관한 아이디어나 원고 투고를 설레는 마음으로 기다리고 있습니다.
이메일로 간단한 개요와 취지, 연락처를 보내주세요. 독자님과 함께하겠습니다.